AF231458

ÉTUDES

SUR LA

LANGUE FRANÇAISE,

OU

EXERCICES

Sur toutes les difficultés d'Orthographe, de Ponctuation, de Langage et de Style, que présente notre langue;

A L'USAGE des Maisons d'Éducation, et des personnes qui veulent apprendre en peu de temps à parler et à écrire correctement;

PAR A. V. BABIN,

AUTEUR DE PLUSIEURS OUVRAGES DIDACTIQUES.

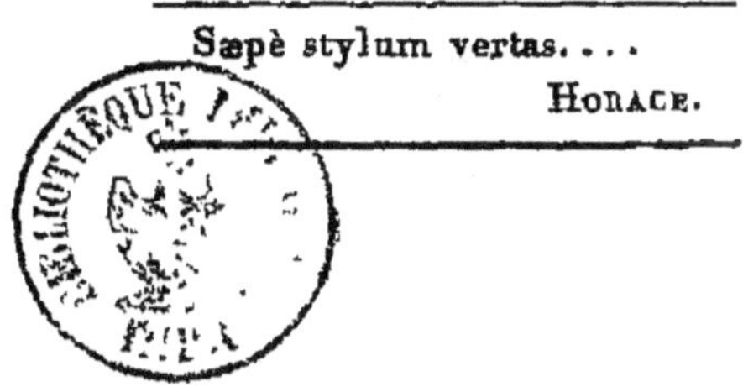

Sæpè stylum vertas....

HORACE.

PARIS,

DE L'IMPRIMERIE D'AUGUSTE DELALAIN,

Lib.-Éditeur, rue des Mathurins St.-Jacques, n°. 5.

M DCCC XXXII.

PRÉFACE.

De toutes les parties dont se compose le cours complet des études scolaires, la langue française est sans contredit celle à laquelle on consacre le moins de temps, et à laquelle on attache le moins d'importance. De là vient que, parmi les jeunes gens qui sortent des colléges, beaucoup ne connaissent que très-imparfaitement les règles de l'orthographe, et sont encore moins versés dans l'art d'écrire purement et de construire avec élégance. Les seules connaissances grammaticales qu'ils apportent dans le monde sont celles qu'ils ont acquises dans les classes *élémentaires*, où, le plus souvent, on s'est contenté de leur faire apprendre par cœur une grammaire française, et de leur faire écrire quelques *dictées* sur les Participes. Pour peu qu'on veuille envisager un instant les innombrables difficultés que présente notre langue, on apercevra aisément toute l'insuffisance d'un pareil mode d'enseignement, et l'on sera conduit à reconnaître qu'à une étude moins superficielle de la grammaire les élèves doivent joindre une application plus fréquente et plus étendue des préceptes qu'elle renferme ; on con-

cevra donc la nécessité de leur mettre entre les
mains des *exercices* au moyen desquels ils ap-
prennent à éviter, non-seulement les fautes
grossières contre les règles, mais encore toutes
les locutions triviales ou hasardées, et jusqu'aux
tours de phrases qui peuvent choquer le bon
sens ou l'oreille.

Telles sont les réflexions qui nous ont déterminé à composer des Études sur la Langue Française. De plus, nous avons pensé qu'en raison de
la connexité qui existe entre le langage parlé et
le langage écrit, l'étude de l'un ne devait jamais
être séparée de celle de l'autre ; en conséquence,
réunissant en un seul corps les difficultés de
tout genre que les grammairiens et les philo-
logues ont signalées dans leurs écrits, nous les
avons combinées entre elles, de manière à com-
prendre dans les mêmes exercices les différentes
applications qui font la matière des *Cacologies*
et des *Cacographies* publiées séparément.

Ce qu'on chercherait en vain dans ces derniers
ouvrages, dont chacun a d'ailleurs son mérite
particulier, ce sont les exercices que nous don-
nons ici sur le *style* proprement dit. Les auteurs
des diverses Cacologies connues se sont con-
tentés d'y présenter une longue suite de locutions vicieuses, de termes vieillis, de fautes
contre la syntaxe ; mais ils ont négligé tout ce

qui tient à la construction des phrases, à la liaison des propositions dont elles se composent, à l'élégance et à la clarté du discours. Nous avons essayé de combler cette lacune : dans ce but, nous avons extrait de plusieurs auteurs des passages, que nous avons défigurés et en quelque sorte travestis ; nous avons substitué des tournures lentes et embarrassées à celles du texte original, employé une foule de *latinismes* ou constructions exclusivement propres au génie de la langue latine, réuni plusieurs phrases en une seule, supprimé des mots formant transition entre deux idées, ajouté des conjonctions inutiles et des particules rédondantes ; enfin nous n'avons épargné aucun soin pour créer des difficultés sans nombre, et exercer l'intelligence des jeunes gens qui auront le désir de connaître à fond la langue maternelle.

On trouvera parmi nos exercices quelques historiettes que nous avons puisées dans un livre publié du temps d'Henri IV. Les élèves devront en rajeunir le style et y donner, autant que possible, une couleur appropriée au siècle où nous vivons.

Comme il eût été presque impossible de faire figurer dans une série de sujets également intéressans toutes les fautes de participes et de concordance, toutes les expressions justement désavouées par nos bons écrivains, nous nous sommes vu, à regret, dans la nécessité de composer en phrases détachées une petite partie des exercices contenus dans ce Recueil. Cependant, persuadé que le professeur qui obtient le plus de succès dans l'éducation de ses élèves est celui qui parvient à les amuser en les instruisant, nous avons entrepris de faire entrer les principales difficultés de la langue dans un choix d'anecdotes plaisantes, de narrations historiques, de portraits, et de divers autres sujets propres à captiver l'attention, à former le goût et à prévenir l'ennui presque inséparable de tout ce qui est application grammaticale. Pour arriver à ce résultat, nous avons rencontré plus d'un obstacle ; aussi est-il présumable qu'on découvrira dans notre ouvrage plus d'une imperfection : toutefois, nous en avons la certitude, on y verra le désir que nous avons en d'être utile, et cette considération nous fait espérer qu'on nous saura quelque gré de nos efforts.

ÉTUDES.

ÉTUDES

SUR

LA LANGUE FRANÇAISE.

[Dans ces exercices les élèves auront à corriger à la fois les fautes d'orthographe, de ponctuation, de langage et de style.]

I. *Salomon, roi d'Israël.*

Ce monarque célebre duquel la sagèce sadmire ancore et duquel la folie se blamera cternèlemant; dona aux homes des préseptes que ceux-si ont sans sèsse repété et des éxamples quil nont que par trop suivi. Les rois, dans son ellévation, et dans sa chutte; dans sa grandeur et dans son umiliacion trouvent les lessons les plus utile, que l'on put trouver dedans listoire des peuples. Sa vie leurs démontre à la foix la puicense et la gloire, que donc la sciance et la vertue; et come quoi l'home degradé par les pacions est acablé de mépris et de maleur. Salomon étant jeune était sage, juste, et devot, cest pourquoi il fut ladoration de ses sugets, redoutée de ces énemis et concideré de tous les rois oriantaux, come un maitre et un modelle pour eux. Annivré dans sa viel-

liesse du pouvoire ; corompu avec la richèce ;
énervé de plaisirs ; égarré dans les idollatris, il
vit quiter son aliance par ces voisains ; secouer
son jougue par les nacions vincu ; la paciance
sépuisa chez son peuple ; ces sujets se rebellio-
nèrent ; son throne branla, enfin pour conble
de guignon il laissa, mourant, gouverner son
roïaume par un fils devenu pervers par ces
examples, et plus capable pour présipiter Israël
en ruine que pour retardé sa chutte.

II. *Rome sous les premiers empereurs.*

Auguste parvînt par des crimes à l'ampire et
il régna avec la forme des vertues. Pareissant
ensuite dun conquèrant, pour être distingué,
il fut tranquile. Etant inpossible a lui dètre
grand home il voulut être prince heureu.
Ayant doné à ses sujets bien du repos, un foyé
immanse de corupsion se rassoupit, lequel
calme fut apelé du nom de prospèritée. Auguste eut le genie pour les sirconstanses, lequel
est celui qui cueuille le fruit, que le veritable
genie a préparé. Tibère meprisant par trop les
homes, les fit surtout voire trop ce mépris là.
Le seul santimant dans le quel il mettait de
la franchize, était le seul dans le quel il aurait
du ètre en dissimullacion, mais cétait un cris
de joie dont il ne pouvait sanpècher de pous-
ser, trouvant le peuple et le sénat Romaïns au
dessous, même, de la bassèce de son cœur à

lui. Lorsque ce peuple Roi fut vu se prosterner pour Claude et adorer le fils à OEnobarbus ; on put juger lavoir honoré en gardant avec lui quelques mesures. Rome a aimé Néron, long temps après la mort duquel ses phantomes fesaient l'ampire tressaïr par la joie et aussi par lespérance.

III. *Phrases détachées* (Participes) (1).

Collin d'Harleville a conposé l'Optimiste, qui est une des meilleurs commedie que jai lu. —S'est surtout lainé de mes fils, quon a aplaudi à la distribucion des pris, a cause des nombreux suxès quil y a obtenu. — Nous les avions prié l'un ou lautre de nous montré sur la carte les noms des viles, qui ce sont présanté dans la lecture que nous avons fait ensamble, mais nous les avons trouvé dune telle ignoranse et tellemant dépourvu des premjerres nocions de géograffie què nous avons été réduit à cherché nous mèmes les noms que nous avons voulu voire. — Lospice des Quinzevins, est une des plus belles fondacions qu'aie anfanté le règne memorable de Saint Louis. — Par quels prètextes a t'elle cherché à legitimé sa conduitte a mon egard ; quelles raisons plosibles ma t'elle

---

(a) Dans les exercices sur les participes, les élèves n'auront rien à changer au style ni aux expressions ; mais ils corrigeront seulement les fautes d'orthographe, de ponctuation, de genre et de nombre.

doné de son cilance. Je laurais escusé et je lui aurais pardoné si javais crù quelle merita quelle qu'indulgeanse. — Bientot deux grans homes ce sont présanté sur la seine du monde, et lont entièremant ocupé pandant les vingts anées quont duré leur gloire et leur puicence. — Les tenêbres de lignoranse ce sont epaissi, et une orrible confuzion a éxersé ses ravages daus tous les païs qu'a ambrassé le regime féodalle. — Nous nous somes proposé de présanté les chanjemans que le tamps, la nature des choses et la volontée des homes out ammené dans nos meurs; et aussi les mouvemans, les variacions, que la revolucion y a iuprimé. — Les peuples conquérant nont conu que deux manière de trêter les nacious quils ont conquis, ou ils les ont privé de toutes espesses de droit et les ont reduit a létat desclavage; ou ils les ont apelé aux partage de la souvrèneté dont toutes fois ils ce sont toujour reservé la plus grande part.

IV. *Cirques de Londres.*

S'est (à ce que je crois) à Londres où on a invanté les spectacles equestres aujourdui fréquans dans la plus part des grandes villes qui se trouvent sur le Continant. Les anglais qui pour la conduitte de leur chevaus, mètent une dousseur et une paciance admirables, qui leur sont bien réconpancé; ont dus reconaitre en premier, combien ce noble et cet utile animale avait de lintelligeance ; lorsque lon ne le rebuttait pas de mauvais trètemants. Ils sônt venu à le faire exsecuter des choses qui sont étouantes. Hughes et Astley sont les directeures pour les deux cirques ; laquelle concurrance sert bien les plésirs que le publique prend. Un deux (je ne me rapèle pas duquel c'est) s'imagina d'allongé de beaucoup son téatre ; de· le réunire avec le partère et de doner, dessus, des courses avec cette jolie rasse de petits chevaus nomé *poneys*, dont leurs joquets étaient des fort adrois enfans revétus avec éléguance, laquelle imitassion, sur un genre damusemant plaisant générallemant dans l'Angleterre, eut beaucoup de prospèritée.

Les exersisses equestres sont toujours suivi par des pantomines à machines où on y exsécute des changemans à vu, quelques fois très plaisans. Arlequin, sa métresse et puis un magissien auquel il vole la baguète sont personnages obligés dans ses grotesques drames où souvant vos ieux samusent et vos oreilles y sont en plaine sécuritée.

V. *Attributions des Muses.*

On regardait que les Muses étaient les Dieux des sciances et ars. Hésiode les conte au nombre de neufs ; étant toutes des filles à Jupiter et Mnémosyne ; lesquelles chantent dedans l'olympe les merveils des dieux, charmant la cour céleste avec leurs armonieux conserts. On les dit vierges a cause que les bienfêts de léducation sont inalterrables, Muses, à cause quelles ont apris aux homes des choses inportantes mais hors la portée des ignorans. Chacuns de leurs noms anferme une alégorie en particulié. Clio est nommée de ce que ceux que vous chantez avec des vers aquerrent une gloire imortelle, Euterpe à cause que ceux qui écoutent la poesie, cela leurs procure du plésir, Thalie, come qui dirait que la dite poesie florira à tout jamais, Melpomène, sinifiant que lá melodie s'insinut jusques au fin fonds de votre âme, Terpsichore qui marque quel plésir les etudes font retirer a ceux ayant apris les beaux ars, Erato samble come indiquer que les savans atirent sur eux de l'estime et de lamitié, Polhymnie, de ce que plusieures poettes ont été devenus illustres vu quils ont consacrés un grand nombre d'himnes aux dieux ; Uranie parceque ceux quelle enseigne élèvent leur contanplacion jusques au ciel ainsi que leurs gloires. Calliope enfin a qui sa belle voix a fait que l'on lui a dónné ce nom là, dou nous aprenons que léloquance sert à charmer et entraine les esprits.

VI. *Phrases détachées.*

Graces aux cieus je suis échappé dune maladie qui me pouvait conduir au tonbau. — Quant il s'adressa vers vous qu'estce donc quil vous dit dabord. — Cet home est à la fois utile et chéri de tout le monde. — Deux persones ont été blessé dans cette échaffourée. — Mon cousin vient d'acheter un fond de boutique en clincaillerie. — Je ne vous confirai ces titres que les changeant avec un récipissè — Il ne faut pas qu'un convalessant s'efforce de marcher trop tot. — Les mariées ont la coutume de ceindre leurs têtes avec une guirlande en fleur d'orange. —Plus je vous fixe, moins je vous remets, il y a si long temps que je vous (1) ai vu. — Votre refut me fais grande peine, je ne l'atendais pas. — Durant le temps des classes cet enfant n'a jamais demeuré en place deux minutes tout de suite. — Qui ne connait la belle finale de lopéra de Fidelio. — Votre paresse est si extrème que je ne crois pas que vous ferez jamais rien. — Ni l'un ni l'autre de ces deux maréchaux ne seront envoyé en ambaçade à Pétersbourg. — Il y a t'il ici quelqu'un qui n'est pas du même avis que moi ! — Remettez ces flacons chacun dans la place quils ocupaient dans cet armoir. — C'est un crime de ne pas aimer ceux à qui vous devez le jour. — C'était des excellens garçons, ces deux jeunes-gens. — Si vous vous

---

(1) Toutes les fois que rien n'indiquera, dans la phrase, que le pronom *vous* se rapporte à plusieurs personnes, on devra le considérer comme pronom singulier masculin, relativement aux participes et aux adjectifs qui seront en rapport avec lui.

confiez en cet home vous ètes sûr d'en ètre volé. — Ces maisons sont bien baties, leurs fassades surtout sont construites avec beaucoup de gouts. — Nous venons de faire ensemble la seconde œuvre de quatuor de Beethoven. — Sa voiture était atelé avec des guides blancs. — J'ai entendu aujourdui la plus excellente musique possible.

VII. *Henri VIII et le peintre Holbein.*

Un ségneur Anglais qui était décoré avec le titre de Conte ; mais qui était un homme fort inportun vint un beau jour se présanter dans lattelier à Holbein occupé de faire le portrait à une dame. Le Conte voullait absolument antré malgré que lartiste lui réprésantait à travers de la porte, quil ne pouvais lui doné cette satisfaxion là. Enfin finalement Holbein en perdant pacience, ouvre de colère ; se saisit du ségneur par son colet ; et avec un bras vigoureux, le gête de haut en bas dans les escaliers. Cette éxécussion ne fut pas plutot une fois faite, que le pintre frémit sur les suittes qu'alait avoire sa vivacitée. Ce qui lui redoublait encore la frayeur, était quil antendait les gens du Conte se préparant a se venger des meurtrissures et des contusions de leur mêtre. Il trouva moyen de leurs echaper des mains ; et il courut ce geter au pied du roi Henri VIII auquel il conta ingénuement listoire. A peine il avait ob-

tenu sa grasse , voilà le lord tout brisé par sa
chutte, qui se fit anporter par devant le Prince,
et il lui demanda justisse. Henri VIII le plai-
gnît ; et il le pressa afin d'acorder un généreux
pardon : mais voïant ce ségneur ne parler que
de vanjance, lui dit fierremant ; « votre vie
» m'en repondra de celle de mon pintre, ne
» soyez pas surprit de la concidération que je
» lui acorde , sachez que je puis élever sept
» païsans vers la dinité de Conte ; mais avecque
» sept Contes je ne puis en faire un Holbein. »

VIII. *Enfans dont l'un est épargné par un ser-
pent et l'autre piqué par le même reptile.*

Durant que Tavernier était dedans la ville
d'Amadabab ; un païsan, et sa femme , traver-
sait un beau jour la rivierre de ce nom a la nage
en même tems avec un anfant qui avait deux
ans ; lequel, selon l'usage usité au païs , ils
avaient mis dedans un grand pot en terre pour
le poucer en avant d'eux. Environ vers le milieu de la rivierre , ils trouvairent un petit ban
de sable sur lequel les flots y avaient jettés un
gros arbre qui y était , vers où ils pousserent le
pot dont lanfant sortait sa tête dehors. Comme
ils saprochaient près le pied de l'arbre dont le
tron s'élevait un peu dessus leau ; un serpant
en sortit hors de ses rassines et sauta dedans le
pot ; lequel fut anporté au courant de la rivierre. Deux lieues plus loing que là, la femme

dun banian avec lui et leur anfant se lavant auparavant que daller prendre leurs nouritures, ceux ci virent de loing sur l'eau ce pot avec la moitié dune tête qui passait dehors de lambouchure. Le banian s'hatant daller aux secours, et, ayant poucé le pot aux rivages, la mère aussitot suivi par son anfant s'avance a aider lautre a sortire. Alors le serpant qui ne lui a fait aucun mal, sortant hors du pot se jète dessus lanfant du banian, à l'entour le corps duquel il se lie en diverses replits, et en le picant. Le bruit de cet èvainemant étant répandu, et les parens au dernier anfant layant demandé, leurs prétancions devinrent le suget dun très sérieu différent. Le grand mogol, laffaire ayant été porté devant lui, ordona quil soit randu à son père.

IX. *Phrases détachées* (Participes).

Autant vous mavez anvoyé de mains de papié, autant jen ai anployé, et cependant les deux vollumés que je vous aie manifesté lintancion de faire paraitre en janvié ne sont pas ancor achevé. — Je suis loing de conètre toutes les persones qui composent cette société, mais le peu que j'en ai vu ont sufi pour me doner une triste idé de celles que je ny ai point trouvé. — Nous nous somes fait une règle de ne reçevoire dans nos réunions persone qui ne nous aient été présanté davance.—Vous vous plaignez de ce que je ne vous aie point acordé la dernière faveure que vous avez solissité, mais aussi conbien m'en avez vous demandé, que je me suis vu forsé de vous refusé à cause du peu de discréssion que jaie eu a vous reproché dans la manierre dont vous me les avez demandé. — Pourquoi la perte douloureuse, que vous avez eu a déploré, nous a t'elle privé de la satisfaxion que nous aurions eu de vous possédé pandant quelques tamps. — Nous avons laissez a nos fermiés le peu de legumes que nous avons reccolté cet ané, les frais de transport quils nous eussent couté auraient plus qu'éxedé la valeur que nous en eussions retiré, si nous les eussions fait vandre, ainsi que vous nous y aviez angagé. — Je vous remersie milles fois de la couple d'oguons de tulipe que vous mavez anvoyé, je désire que le couple de canars de Barbarrie, que vous mavez demandé et que je vous ai fait remètre ses jours derniés puissent vous faire quelques plésirs. — Quels sont les deux persones que nous avons rancontré hier, dans la maison ou nous avons diné : nous les avons trouvé fort aimables et nous nous somes proposé de cultivé leurs conessance. — La surprise que nos anfans ont imaginés de nous faire au premié jour de lan, nous a prouvé qu'au lieu de dissipé leurs économis ils les avaient destiné a nous témoigné leurs gratitudes des soins que nous leurs avons donné.

X. *Marius à Minturnes et à Carthage.*

Marius vivemant poursuivi par les partizans
de Sylla et déclaré come étant énemi publique, sétant anbarqué sur un batimant, celui-ci
fut par un vant inpétueux rejetté sur la cote
d'Italie. Ses conpagnons qui étaient des laches
ou des perfides voyant come il était trahit si
constamant de la fortune, ils labandonèrent sur
les bors du Lyris. L'argeant qui était promis
pour sa tète exsitant a laviditée un grand nombre de soldas, ceux ci cherchaient de s'en an-
parer, desquels il se déroba à la poursuitte en
s'anfonsant dedans un marets : ensuite dequoi
il se randit à la cabane d'un pauvre vielliard,
auquel s'étant découvert, lancien général fut
ressu avec respect sous le toit de ce généreux
vétérant, lequel, lui ayant fait prandre quelque chose le conduit devers la cote en traver-
sant par les marets. Bientot les soldas le pour-
suivans anonsèrent s'aprocher, par des grands
cris quil jettèrent. Le vicilliard fit à Marius
se coucher dedans le marets ; le couvrit avec
quelsques rosaux et il s'éloigna. Tout samblant
alors conspirer pour la perdition de Marius,
les soldas layant découvers dedans l'umide re-
traite dans laquelle il avait été se caché s'en
saisirent : apres quoi ils le menerent à Minturnes. Ayant randu dans le tems quil était en
puissance quelques servissés à ceux habitans

cette ville, son nom y était chérit par le peuple lequel aussi avait du respect pour sa gloire, mais les magistras étaient là qui redoutaient lautoritée du sénas Romain, dont ils se croyaient donc obligés a suivre la rigueure des ordres. Cest pourquoi sétant dessidés pour faire mourire Marius, et aucuns citoiens, pas le bouraux lui même ne voulant pas se souiller ses mains avec le meurtre de cet ilustre proscris, ils chargèrent pour le tuer un Cimbre se trouvant pour lors à Minturnes.

XI. *Suite.*

Le barbare ressut ledit ordre avec de la joie, étant fière de se vanger de la honte et de la ruine de ces consitoiens. Le Cimbre entrant sabre en main dedans la chambre dans laquelle l'implacable énemi de sa nacion était là qui reposait, celuici lorsque lautre aproche se lève et puis lui dit, jetant sur lui un regars qui est térible, « est ce que tu oseras bien avoir la hardiesse de tuer Caius Marius. » En voyant celuici semblant ancor porter devant soi lepouvante et la mort come si cétait les jours de batailles, voila que mon Cimbre étant saisi par léfroi laisse son glaive tonber et il senfuit en criant, « non je ne pourai pas tuer jamais Caius Marius. » Cette dernierre victoire de Marius désarmé exsita à ladmiracion le peuple qui fit si vivemant éclatter son aféxion pour celuïci, que même les magistras honteus a cauſe de leurs lache cruoté, conduirent Marius aux bors de la mer, où celuici sétant ambarqué et après avoire ancor, plusieurs fois, courru le dangé dètre pris en Sicile dessandit enfin sur la cote de l'Afrique près Carthage.

Le préteure Sextilius comandant dans ladite province le fit prèvenir par un oficié de ce que (faute par lui de sortire sans dellais hors de son gouvernemant) il se vèrait avec regrais forsé malgré soi à exsécuter les ordres du sénas, et de le traiter come étant l'énemi du peuple romain. A quoi Marius après avoir tenu quelque tems dun silence morne, faisant ansuite un profond soupire ne répondit que ça au maissagé, « Dis à Sextilius avoir vu Caius Marius étant bannit hors de Rome et étant assis dessus les ruines de Carthage. »

XII. *Phrases détachées.*

Voila trois lettres que je vous écrit, et que vous ne m'y avez pas ancor fait aucunes réponces. — Ces intriguans ont obtenut ou se sont anparé de toutes les plasses. — Non ; je nespererais pas que ces choses ariveraient ; quand bien même que Dieu le voulusse ainsi. — L'adverbe sert pour modifier et quelquefois donner plus de force au verbe. — Cest ici où nous nous sômes vu pour la premierre fois. — Auparavant que davoir lu ce livre je ne métais pas fait une juste idée du dégrés de coruption et célératesse où l'home puisse parvenire. — Cette étoffe est la mieux que j'ai trouvé. — Il est maleureux que me voici retenu chez moi par cette indisposition, sans quoi jaurais été promener avec vous. — Je labsolverais volontié de la punicion dont je lai infligé si je ne savais quen labsoudant, je cométrais une injustisse. — Cette eau ne bouille pas ancore mais bouera bientôt. — J'accueillis ordinairemant une escuse, mais je n'acueillirai jamais un mansonge. — Vous voulliez que je conclusisse avec vous un arrangemant, qui me repugnait a ma delicataisse. — Il aurait desiré que je menfuyasse de la maison paternèle. — Ce n'est qu'en moudant ce grain que nous l'avons appersu être de mauvaise qualitée. — Je ne me prévaillerai pas des drois que m'a doné sur vous votre père. — Vous serez abile si vous résoudez cette dificulté. — Pour vous plaire, il faudrait que je rie toujours, et que je ne m'émouve de rien. — Je ne m'assoirai pas avant que vous ne mayez doné léxample. — Ces grands airs ne vous sied nullemant. — Je crois que le tribunal sursoira à prononser son jugemant jusques à la semaine qui vient. — Cet home en se vétissant avec des habis ridiculs, ne visé que pour se faire remarqué. — Les bacesses qu'a fait cette persone la randent toutáfais inestimable.

XIII. *Instinct des écureuils et des renards.*

En Laponie come en tous les païs frois lécureil est fort comun. L'on raconte, lors que la disète de nouriture les oblige de repasser de dedaus un canton dans un autre, si quelle que rivière, quel qu'étan, quel que bras de mer se trouvent a travercer; quils savent sassambler en foules sur le rivage et font grande provision décorse darbre pour leurs tenire lieux de vesseaux pour le traget à faire. Tout étant dispozé pour le voïage : voilà quils sambarquent chaque sur son écorce, et tenant leur queue levés qu'ils présantent aux vants en formes de voiles ; forment ou une ou plusieures esquadres offrant au loing le spectacle le plus curieu. Tandisque le vant se meintient dans le doux et le favorable, la navigacion est eureuse, mais il arive souvant qu'a quelques distences loin du rivage voila une tempaite qui se lève ; et les vagues soulevés font les petites barques s'heurter lune avec lautre. Pour lors, la confusion et le desordre ce mettant dedans la flotte, lart des notoniers ne pouvant plus se tenir à l'ancontre de linpétuositée des eaux et des vants ; ils se renversent, se pressipitent : et se summergeant, leur cadavres poussés sur la côte viènent être les proies des sovages, lesquels ne négligent pas leur fourures, malgré que celles-si sont moins prétieuses en comparaison de ce que le sont celles des martes et des castores.

Après Plutarque, Montagñe parle de renars lesquelles avansant sur une riviaire glassée praitent loreil a chaques pas, voir si l'eau ne coulle point; ce qui les fait juger la forse de la glasse qui les doit suporter.

XIV. *Les cent coups de bâton.*

Messetin qui était un ansien acteur de la commédie Italienne fit une pièce, quil dèdia au duque de St Aignan conu pour reconpanser gènéreusemant les auteures qui lui adrèçait leurs ouvrages. L'acteure avec le dessin de resevoir la reconpanse quil atandait fut un beau mattin chez le duque, mais le Suisse se doutant de ce quil etait question, il ne voulut pas le lesser entrer. Messetin à seul fin de le mouvoir lui promit le tière de sa reconpanse à recevoire, et par le moïen de ladite promèce, entra dedans la cour. Il sadrèça ansuite vers le premier laquet du duque lequel lui paraissant ètre aussi interressé come le Suisse, Messetin lui promit, tout comme, le tière de sa réconpanse. Enfin introduit dans lapartemant il eut ancore en tête le valais-de-chambre ; lequel lui disant que monségneur ne parle a personne qui que ce soit, pour le fléchire Messetin promît le dernié tière du présant; de sorte qui ne lui restait plus rien.

Aussitot quil appersut M. de St Aignan, il se mit à lui dire come çà ; « monseigneur ; voila » une pièce de téatre que je vous dédie , » pardon de la liberté, et que je vous suplis » me faire doner pour elle cent cous de ba- » tons. » Cette demande parut être cingulière tant et si bien que le duqué voulu savoire qu'est - ce que ça voulait dire. Messetin lui espliqua come ça c'était passé. M. de St Aignan fit quérir son Suisse ; son laquet ; et puis ensuite son valais-de-chambre auquels il fit des cévères reprimandes, et affin qu'ils n'aient rien du tout, et que Messetin ne manque pas de parole, envoïa cents louis à sa femme, come qui dirait si il lui fesait un présant à elle per- sonèlement. Messetin nayant eu rien fut quite de ce dont il avait promit.

XV. *Phrases détachées* (Participes).

Le trop de parsimonie qué vous avez montrer dans les diverses soirés que vous avez doné , vous a beaucoup nuit dans lesprit des gens que vous y avez ainvité. — La coléxion de papilions que vous vous ètes procuré dans ce pais et que vous avez fais venir de toutes les parties du monde ; est la plus rare que jai jamais vu. — A qui ses gravures ont elles apartenu ! je vou- drais conaitre la persone qui vous les a van- du. — Mes sœurs m'ont dit quelles ont vu passé tout a leure une troupe de soldas armé de piét en cape. — La fortune que je me suis assuré pour lavenir, me samble plus solide, que les grandes promesses qu'on ma fait et que les esperances briantes quon a voulu me faire consevoir. — Il est vrai que ces deux persoues ce sont gravemant maltraité et injurié, mais croyez bien , qu'aux milieus des mauvais prossédés quelles ont eu lune a légard de l'autre , elles se sont ménagé avec soin une vois de racomodémant.—Le peu de fortune que j'ai aquis , je ne lai amacé qu'au pris des dangés que jai couru, et des privacions sans uombre que je me suis iuposé. — Que de prinsipes dangereux se sont anraciné dans le cœur de lhome ; et y ont portez de tristes fruis par ce quil les y as laissé entrez trop légerremant. — Les jours que jai passé a la canpagne, avec mon mari, ce sont écoulé au milieu de tant de plésirs et ce sont suxédé avec une telle rapiditée ; que je les ai vu finire , lorsque je métais à peine appersut quils avaient comansé. — Que dincidans il nous est survenut dans le cour des deux voïages, que nous avons fait ansamble. — Vous ne pouriez parvenire a me soulevé de terre, si je pésais ancore les cents vingts livres, que jai pésé, avant les deux maladies que j'aie eu. — Cette maison n'est pas aussi vieille que je lavais cru dabort ; la dernierre fois que jen ai concidéré la fassade je lai trouvé moins noir qu'auparavant.

XVI. *Jugement rendu par le maréchal de Brissac.*

Le marquit de Pescaire déja bien glorieux de lavantage quil avait emporter contre les Français en un genre de conbat, dans lequel ceux ci ne voulait pas connaitre des égaux (1) sonjait de se randre recomandable à cause de quel qu'autre servisse plus conséquent. Son imense fortune, lui avait permise quil puisse lever à ces frais douze cent gentillommes ou vieux soldas quil avait couvert avec des armure dorés et que l'on nommait : *les braves de Naples.* Voulant les mètre a la portée de se distinguer, autrement que par les richesses de leurs arme, il fut les etablire (avecque le consantement du duc d'Albe) dedans le bour de Vignal sur le somet d'une montagne escarpé, et dominante dans une partie du Montferrat ; les ayant encouragé de fortifier prontement ledit poste, et quils s'y deffandent bien, il couru leurs préparé des secours, au cas où ils fussent attaqués, comme l'on devait si attendre. En effet Brissac comprît si tellemant bien la nessécité de les délogé de ce lieux ; que bien quil nétait pas encor parfettement bien guérit ; il ne voulu s'en repauser de ce soin sur personne

---

(1) Dans un combat particulier, en champ clos, de quatre contre quatre, en 1555.

que ce soit. Assemblant en corps d'armées, toute la trouppe quil pouvait disposé, sans trop dégarnir la frontierre, il investit la montagne; il dressat des batries et il sépara dans trois divisions les corps de troupe, qui partant par des routes différentes; lors qu'il donerait le cignal devaient arrivé en même tant au somet, mais ayant a craindre une chose, savoir que Pescaire survienne au moment de l'ataque et le mette entre deux feux; il coupa avec des tranchers, et il fît garder avec des corps de troupe, les seuls chemins par lesquels l'ennemi pouvait abordé.

XVII. *Suite.*

Lors quil achevait sa disposition et avant quil ne donne le cignal de l'ataque; il entendît des cris redoubler, lesquels partait d'une division de son armé; levant ses yeux il appersoît un soldat ayant une taille aventageuse, qui étant sorti hors des rangs court à l'énemi, décharge about.portant son arc-buse, quil jète parterre, et l'épé à la main se lancé dedans les retranchemans; ces conpaguons après l'avoir inutillement rapellé par leur cris; transportés par la meme ardeure courrent pesle-mesle après lui, ou pour le soutenire, ou bien pour le déguager. Le mareschal outré par depît; mais cachant ce qui lui passait au fonds du cœur donna aux deux autre division le cignal pour l'ataque, laquelle ce fît avecque plus de régularitée que ce debut semblait lanoncer. Les braves de Naples se batirent comme des désesperés, envelopés de tous cotés, acablés du nombre et ne pouvant pas souvrire un chemin l'épé a la main ils se firent tués tous jusqu'aux derniers.

Apeine le combat etait achevé, l'on vit arrivé le marquit de Pescaire, avecque douze cent chevaux, et trois milles arc-busiers. Sappercevant de ce que ces gens était défait, et les Francais maitres de la montagne; celui ci se retira, n'entreprenant pas de forcé les barierres, qui lui deffandait l'aproche de ladite montagne.

XVIII. *Suite.*

Nayant plus rien que craindre de la part de l'énemi ; le mareschal ne sonja plus que de distribué des réconpance a ceux qui les avait mérité. Il s'établit son tribunal dans le lieu même dans lequel c'était passé laxion. Douze soldas vinrent suxessivemant lun après lautre lui poser a ses piés les anseignes quil avait pris de l'énemi, il passa à lentour de leurs cous une chène en or, de laquelle pandait une medaille en meme métal qui était frappez à son couin à lui, loua publicment ceux des officiés qui c'était particullièrement bien distingué et promit quil les recomandrait vis à vis le roi, enfin parla avec intèret sur le brave guèrier qui avait montré plus qu'une valeur umaine, s'étant précipité seul parmi les énemis ; et eut lair de paraitre comme regrèter que la mort sans doute n'eusse pas permis a celuici de ce présenter ensemble avecque les autres recevoir le pris qui lui était du relativemant a son action. Un officié, qui ce trouvait ètre present repondit, que ce brave n'étant pas mort, ni n'étant pas mème blessé ; la honte toute seule avait enpéchée quil se presante. « Je le veux voire : repondit Brissac ; et » je vous charge que vous me l'enmeniez. »

XIX. *Suite.*

Tandi que le capiteine saquitait de cette comission là ; le mareschal demanda auprès de lui le prevot de l'armé. Voyant s'approché le coupable il lui dit ceci dun ton cévère ; « sol-» dat quels sont et ton nom, et ton païs ! » Le jeunomme rèpondit avecque ambaras, ètre fils naturelle du ségneur de Boisi et en porter le nom. « La chose étant come ça ; je ne serez point » ton juge vu que je ne puis point te mécon-» naitre comme étant mon près parent du coté » à ma mère, mais serais tu mon fils que je ne » tépargnerais pas après la faute que tu vient » de commètre. Maleureux, quelle éxemple a » tu donné au reste de larmé ! Prévot ; que l'on » le charge de fer et le garde soinieusement, » votre tete m'en repondra de la sienne. »

Au vu de cette ordre qui fût éxécutée sans

mennagemens la tristesse et le depît ce dépeignit
dessus touts les visages, l'on detourna la vue;
l'on s'enfuît avec pressipitation, pour que l'on
ne soit pas témouin dans un spectacle aussi re-
voltant que ça. Boisi était devenu la matière à
une foule de rèflections chagrines, et décou-
rajantes. « S'était à lui seul, disait l'on; à qui
etait dû la victoire éclatante que lon venait
d'emporter, et de même et par contrecou la con-
servation du Montferrat, et des fertiles contrés
nouriçant l'armé. Sans lui ainsi que son heureuse audasse, il paraîssait sertain que Pescaire
fût arrivé auparavant que l'on n'eusse livré
l'assaut. L'était-il aussi également, que l'on aurait risqué l'ataque quatre heure plutard et que
la troupe se serait porté avec la même ardeure,
en appercevant dessus leurs épaules une armée
prète à les assaillir e? Si une ardeure de jeunesses,
si un desir imodéré de gloire l'avaient faits
franchire les régles dune austerre dissipline,
est ce que pour cette faute involontère il etait
inpardonable ! Estce quil ne lavait pas assez
suffisament expié, se devouant soi même au
salut de sa patrie : et est ce que la fortune
l'arachant d'une mort sertaine ne lavait point
assez suffisament absout. »

XX. *Suite.*

C'étaient principallement le mareschal sur
lequel les murmures tonbaient; « quel astuce

il avait enployé pour s'assuré un homme simple et sans deffiance? si il se croiait offansé ;
pourquoi était ce quil ne le témoiuiait point!
si seulemant il ne cherchait qu'un faux prétexe à seule fin d'être dispansé de recompanser
une action éclatante ; pourquoi était ce quil
ne restait point tranquile. Se contantant de
l'omage volontaire à lui rendu par ces compagnons, Boisi ne demandait pas seulement ni
une grace ni une décoration. Est-ce quil con-
venaît qu'un mareschal de France ait le re-
coure du mansonge, et de la duplissité, pour le
déterrer et pour le perdre! Est-ce que l'on re-
conaissait par ce trait un général, qui voulait
que l'on le regarde come étant le père à ces soldas, et comme étant le partizan declaré de la
valeur, quellesque parts où elle se trouve. »

Le mareschal auquel ses murmures ne déplai-
saient point jusques à certain point, cependant
jujant quils devenaient dangereux à laisser se
fermenter par trop lontems ; rassembla un conseille de guerre sur lequel il se decharja quant
aux soins de juger Boisi, lequel il avouait
comme lui étant parant ; mais lequel, vu la susdite raison il prométait qu'il abbandonerait à la
céverité des loix. Les principaux officiés de
l'armé conposant le conceil ; quoiqu'émus de
pitié ainsi que d'une sorte d'admiracion vis a vis
le coupable, le condannèrent unanimément à
la mort, étant tenus à se conformer à la lètre

de lordonance , mais suplierrent le mareschal
pour quil considére la nature de la faute , ainsi
que l'age du coupable , sa conduite antésédante ;
le vif intéret dont il avait sçu inspirer toute
l'armé : et puisquil nétait, autant dire, échappé
de la mort que comme par miracle, qu'il ne
se montre pas plus cruelle que les énemis : en
un mot quil se contente avec la peine quil lui
avait déjà infligé en ce qu'il le tenait depuis
quinze jours dans une situation pis que de
mourire.

XXI. *Suite.*

Le général sans espliquer encor ses intencions ayant fait entré le prisonier dans la sale
du conseil ; il lui dit , « maleureux Boisi ; connais toute lénormité dont est ta faute : et s'en
te faire illusion raport à l'evènement qui ne
dépendait pas de toi, confesses toi de ce que
meprisant mes ordres , me troublant mes opé-
racions tu a esposé les armes du roi à ce qu'elles
reçoivent un afront; et tu a donné pour tes
pareils une éxanple qu'il ne convenait pas que
l'on laissât impunie. Aussi les ségneurs que tu
vois rassemblé t'ont unanimément condanés à
mort. Leurs devoirs les en forçaient : mais ils ont
eus en pitié ta jeunesse; et ils te sont devenu des
intersesseurs. Je t'acorde la vie : tavertissant en
même tems quelle n'ait plus à toi , elle m'apartient toute entière et je ne te la laisse en ta
jouissance , que me reservant le droit de te la

redemander toutefois que le servisse du roi
léxigera. Aproches ; et qu'étant delivré des
chènes qui ont été le chatiment , et ont été
l'expiacion de ta faute , tu viènes recevoir par
ma main une autre laquelle sera le prix de ta valeur , et le gage de ton devoument ». Achevant
ses mots il attacha , à l'entour de son cou , une
chène en or qui était deux fois plus paisante
que celles distribuées aux douze braves, qui lui
avaient portés les drapaux pris à l'énemi ; et
lui dit qu'il fût trouver son écuiller pour quil
lui délivre un cheval d'Espagne ; ainsi qu'une
armure complette et le pareil équipage de celui
de ses autres gardes, desquels il le retenait pour
être du nombre.

XXII. *Phrases détachées.*

Je ressenble à mon père cóme deux goutes
d'eaux. — Ce nom me fait me rapeler dun autre dont le souvenire mest chère a légal de ce
dernier. — Dici deux jours jesperre pouvoir
reprandre le cour de mes ocupassions. — Une
chose dont vous serez bien àise de savoire , est
que jaie été augmanté dapointemans. — Ce monumant est le plus beau que j'ai vu et entendu
parler. — Il est extraordinère que vous me ra-
contez sur cet espédicion davantage de choses
que je n'aie vu moi qui l'aie suivi toute entière.
— Lévangile de la passion est la plus longue de
toutes. — Est ce là les marchandizes que vous

mavez parlé? Oui ce sont elles. — Cet home m'embète à mourir. — Chaques fois que je veux parler avec votre père je suis tout dun coup intimidé par son air rébarbaratif. — Quoique vous en avez souvant mal agi envers moi ; je ne laisse cepandant pas que de vous aimer encor. — Parmi ces deux jeunegens il nest pas dificile d'y faire un chois. — Combien de tamps ètes vous resté chez lui. — Quoique vous en disiez vous avez été contraint de vous ranger de mon avis. Ce nest pas étonant, je me range toujour au parti le plus fèble. — Depuis le comancemant de l'hivert, le baromêtre n'était pas dessandu, une seule fois, aussi bas qu'aujourdui.—Javais été si lontems sans vous voire que je ne vous remettais plus. — Aussi-tot sorti de lécole politecnique ; il a été fait oficié de génie. — Toulouse et la Rochelle sont lun et l'autre fort connu. — Lyon et Marseille sont très comersantes, mais Paris est plus populeuse que non pas aucune de ces deux viles. — Je préferrerais baucoup qu'on me donne une paire de giffles, que vous voir tourmanter ainsi ce pauvre anfant. — Conduizez moi mes chevaux dedans lécurie, et ma voiture sous le remise.

XXIII. *Hospitalité des Arabes.*

Les Arabes ont toujour concervés un cingulier atachemant pour les devoirs de lospi-

talitée , ce que randent en témoignages les
voiageurs ayant vécus quelques tems en ce païs.
On les a entendu conter à propos de ce sujet
des traits divers dont celui-là est entrautres.
Taleb avait eus le malheur d'occire le père de
l'Emire Alcasar. Celui-si donc brulait il y avait
lontems par le desir de ce vanger. Un joure ;
étant pret a sortire déhors de la maison pour
continué ces recherches ; il vît y entré un inconu et lui demander unblement lospitalitée.
Alcasar, ayant ressut son nouvelle hote dans la
plus parfaite cordialitée, il le fit seoir à table et le traitat come celui qui fait le mieux
quil peut. Le lendemin, l'Emire ayant sortit
ancor, courut par toute la ville, voire sil de-
couvrerait l'obget de ses vangences. Le soire ;
desesperant de ce quil avait perdus ces pas, il
retourne chez lui avec une fort movaise umeur,
soupe tous deux avecque létrangé ; et celui-si
lui demandant avecque interest quil lui dise
quel est la cause pourquoi il a de la melancho-
lie ; après bien des instences reïterés inutil-
ment durant plusieures joures concécutive-
mant, enfin finalemant Alcasar declara à linco-
nu chercher un sertain Taleb, meurtrié de son
père, depuis un an, sans quil puisse le trouvé.
« O bien ; dit létrangé otant une barbe posti-
che, avec laquel il était déguisé ; ne cherché
plus votre énemi lequel est dans votre puis-
sence, reconnessez que cest moi qui suis Ta-

leb. » — « Vous Taleb, alors sécrie l'émire, oh ciel, est-il Dieu pocible ; mais vous êtes mon hote. Tenez ; prené moi cette bource, éloignez vous loin de ma mèson et puis ensuite je verrez quoi jaurai à faire. »

XXIV. *Le Candidat.*

L'on raconte une sène assés plèsante sétant passé, à ce que lon dit ; entre un cordonié honète, et un Gentillome prétandant pour être nommé député du Parlemant, lequel avec l'air fort umble entre dans la boutique de l'artizan qui lui demande avec un ton brusque de quel afaire s'agissait il ? « Que vous me rendiez un « léger servisse ; repartit mon gentillome. Je « ne manque plus que seulemant dune vois pour « être élut ; et je vous prie de ce que vous ma- « cordiez la votre. — O bien, si c'est ça, re- « prit le cordonié lui présantant un escabel ; « seyez vous la ; causons ansemble nous deux et « voyons un petit peu quelle genre d'home est- « ce que vous êtes.... Vous buvez de la bierre, « est ce pas. N'en voila un pot deja entammé : « nous le finirons en coupagnie. Alons ; pren- « nez mon vère : buvez ma senté ; je buvrai en- « suite la votre ». — « A cela ne tiène ; répont « le gentillome..... » En même tems il boît faisant un tant soit peu la grimasse. « Parsan- « bleux, vous fumerai, en effet je fume moi : « poursuit lartizan. — Et, mais..... Come vous

« vouderez ; répartis le Candidat devorant son
« dépis. » Avec un air assés gauche , voilà quil
alume sa pipe sur celle de son nouvau cama-
rade et les voici tous les deux en trains de po-
litiquer toute à leurs aises. Enfin le protèque-
teur fort contanté d'avoir fait passé son pro-
tégé à toute sorte d'umiliacion ; vous le con-
jédia ainsi sans fassons, «sortez moi sur le chant
« hors de chez moi et ne contez point avoir
« mon sufrage. Je me respecte par trop pour
« aller le doner pour un home se respectant si
« peux et cherchant de sélever moyeunant au-
« tant de bacesse. » La lesson était cévère ; mais
était mérité. Nous devons regarder indigne de
notre confianse , les gens qui pour la gagner ne
craignent pas au point de se trainer dedans la
boux ; et de comètre toute sortes de platitude.
Des homes tellement viles ne peuvent pas
manquer que de traïr nos interrets que nous
leurs aurons confié aussitot que se presentera
quelle que conjecture favorable pour leurs am-
bicions ou leurs cupidités ; quelque soit dailleur le préjudisse qui poura nous en résulter.

XXV. *Phrases détachées* (Participes).

Je vous ais envoyé copies des passages de
cette lettre que jai cru devoir vous faire le plus
de plaisir. — Cette habitacion que jaie cru devoire choisire pour y passé lété , ne présante
pas tous les agrémans que je métais proposé

d'y trouvé, et come elle na pas ranplis le but
pour lequel je lavais loué je la quiterai aussitot que jen aurai trouvés une autre plus comode. — Mes amis ; vous vous ètes doné une
paine inutille en cherchant à me persuadé ,
rien ne me fera changer les plants que jaie arèté
apres de mures reflections. — Je me souviens
moins des somes que mont couté vos follies que
des inquétudes et des chagrains que jen ai res-
santi. — Elle a été tronpé par les deux seules
amies quelle c'était choisi et elle ne c'est pas
encor consolé des afrons quelle en a ressu. —
Lorsque Genséric sacaja la ville de Rome ; ni
les ornemans et les églises que la piétée des
fidelles avait consacré, ni les vases et étofes
dor et dargent du tample de Salomon que l'an-
pereur Titus avait transporté de Jerusalem à
Rome , lors de la conquette quil avait fait de
la Judée , et qui avaient échapé aux mains ra-
passes d'Alaric , ne furent épargné. Les ravages
que ce barbare a exersé en Italie , ne lont cédez
en rien a ceux qu'y as comis Attila si ils ne
les ont pas surpassé. La Campanie a été ruinez
de font en conble ; Capoue livré aux flames ,
Nola antierément détruites ; la Sicile égalle-
mant dévasté.—Les trois homes que vous avez
vu passé escorté par la geandarmrie sont les
mèmes que vous avez vu jugé la semène dernierre , vous savez quon les a condané à trois
mois de prizon, et a quatrevin frans d'amande.

— Nous avons essuillié de sa part des reproches que nous ne nous étions pas imaginez avoir mérité.

XXVI. *L'Historiographe languedocien.*

Lun de ces ardans voïageurs conessant toute l'Europe plus exactemant que beaucoup de riches Français leur arondicemant, lequel voiageur était M. de Potemkin; courait il y a environ quelques anées par le midi de la France; étant arrivé au soir en une petite vile du Languedoc on lui vint dire quun mosieur demandait instemmant de le voire, lequel mosieur était un lettré, duquel la vie se dépanse en composant une istoire du siècle passé, laquelle istoire le siècle actuel ne conaitra pas sans doute jamais; étant introduis près M. de Potemkin le savant sécria ainsi enfatiquemant, « Mosieur le mareschal je vous félicite sur ce quétant encor tellemant jeune vous avez fait des si grandes choses. — Mosieur vous vous tronpés ; et .... — Pardonerez, Mosieur le mareschal de ce que je traïs votre incoguenito avec lequel votre altèce se veut envlopé. — Mais Monsieur saché donc .... — Votre canpagne dans la Turquie fût un chais-deuvre en stratégique. — Permèté moi... — Ha, ne vous deffandez pas pour cela ; surplus, je crois, vous serez satisfait pour la maniere que je traite de cette canpagne dans mon grand ouvrage, je ne suis qu'arivé au volume dousième mais jespère .... — Mosieur ; laicez moi tant seulemant le temps pour vous dire come quoi mon nom .... — Monségneure vous êtes de baucoup trop modeste, la gloire dun mareschal come Potemkin étant Europenne, par grace contez moi quelques trait dans votre ilustre carière; historien naura jamais gouté une fortune semblablemeut bonne, entandre un héro qui vous parle en persone, corbleu. » Enfin sétant inpacianté **M.** Potemkin coupa le délire audit chronicœur lui disant que le mareschal dont il a le même nom que lui, était mort, il y avait de ça quarante an.

XXVII. *Sur les Conquérans.*

Quelsques éloges que l'on aye décerné a la pluspart des conquerrans : il n'est pas moins vrai de dire quils nont été seulemant que des illustre brigans, et énemis publiques du genre humin. Quelques sélèbres quil soyent; telles victoires quils ait amporté; tels conqueltes quils ait fait; ils nont pas moins étés le plus injustes des homes puisquil est vrai de dire quils ne conaissaient pas dautre droits sinon que la forse : que les régles comunes de justisse leurs paraiçaient être faites pour les particulliers ; mais indignes de leurs majestés. Tels puissans quils était déjà; ils nont jamais sçus se borner eux même, et quelsques peuples quils

nient déjà soumissioné , ont toujours cherchés
den soumissioner des nouveaux, toutes et quantes fois qüils ont pus. Quelque soit le nombre
des soldats , auxquels ils avaient déjà causés la
mort , ils ont sans sesse faits périre dautres
soldats. Il y en a d'aucuns qui ont sacrifiés à
leurs anbitions un milion d'homes , ils ont mit
leure gloire dans l'axion de détruire tout, ni plus
ni moins que des torrans ou des insandies et
ont régnés tout come des ours et des lions si
ces derniés en étaient les maitres. Se serait ce
tromper de croire que les conquettes contribue
pour la prosperitéc des états , les depences
énorme que lantretien des armés considérables
nésessitent, ruine bientot le thrésor publique ,
et celui-si ne trouve alors dautres ressourses
pour se reparer que dans les tribus acablant-
que le vinqueur inpose sur les nacions courbées
a son jougue.

XXVIII. *Phrases détachées.*

Qu'est ce donc avez vous, vous paraissez prèt
à pleuré. —Si je ne l'avais pas rengagé de nouveau pour venire ; certainemant que nous ne
l'eussions pas vu à ce soir. — Je vous invite et
au besoin je vous ordone de taire votre langue.
— Au jour daujourdui les meurs du peuple
Français ont bien changé en conparaizon avec
autrefois. —Edouard est venu passé avec nous
la soiré de hier au soir; ce dont je vous assure

que je ne me suis pas faché, vu que je ne lavais
pas vu il y avait lontemps déja. — Mon frère
me charge de se rapeler a votre souvenire. —
Je vous dis cela, savoir ce que vous en pansez.
—Ma mère ainsi que moi, desire se lier à vous
et vous conter dans ses amis. — Il ma chargé
pour vous de mille choses aimables lorsque je
vous écrirais. — Va tu pas te tourmanter sur
une chose qui ne vaut pas la paine. — Vous écri-
vez avec tant de pressipitacion vos lettres que le
plus souvant vous êtes illisible. — Les homes
mêmes les plus courageux ne s'hazardraient pas
dans une pareille antreprise. — J'étais pour
m'aller coucher quand vous avez arrivé vous
deux mon frère. — Cette espesse dindividus
isolé du reste des homes recevait tous les jours
des nouveaux acroissemans, et se perpétuaient.
— Ce qui contribuait pour randre la condiciou
de ces esclaves moins insuportable était parce
qu'e les fruits de leur industrie et travail leurs
apartenaient, il leurs etait permis quils aient
un péculle dont ils pussent disposer envers
leurs enfans à eux. — Une infinitée de persoues a été témoin de l'axion glorieuse qui a
failli coutter la vie de ce brave jeune home.
— Mon plus grand bonheure est celui de vous
savoire heureux.—Souvenez vous des conscilles
que je vous ai doné, avant que de nous quiter.
— Avez vous suivi un cour de filosofie où on y
anseigne a la fois la logique, et la métafisique.

XXIX. *Le baron de Fénélon à Hambourg.*

Le baron de Fénélon ayant émigré et arrivé le matin a Hambourg; fut insulté le soire mème sur les rues par une trouppe divrogne; survint la garde, et on vous mit le français et ses attaquans en prison brutallemant. Après une fort movaise nuit écoullée M. de Fénélon insista vivemant a ètre conduit chez le magistra, il parut par devant un home qui était gros, très frais; et le trouva qui socupait sérieuzemant de vuider une téïère de té, et de faire disparètre des enormes tartines couvertes avec du beure, voila mon baron qui se plégnit amerremant sur l ujustisse laquelle il éprouvait et qui demenda dètre surlechamp libéré. Voila textuèlemant le dialogue quils eurent entr'eux, lui et le manjeur des tartines, « Monsieu, est ce que vous pouvez vous reclamer dûn home conu. — Arivant hier au matin dedans cète ville je ne conais pas ancore un chat; je ne peux me recomander que avec mon nom; cest a dire que j'ai pour nom *Fénélon.* — Monsieu ça ne me prouve rien, Fénélon; Fénélon est un nom tout come un autre — Non monsieu; car il est celui de l'archévaique illustré de Cambrai.—Et bien, faites cet archévaique venire, lui vous conaissant; dans quels quartiers est-ce loge t'il, je yas sur l'instant..... — Et mon Dieu Monsieu; c'est de lauteur dont je vous parle; celui

ayant fait *Télémaque*. — Cest a dire, il en est
père : que dans ce cas là donc lon aille quérir
M. *de Télémaque*, peu minporte du père ou
du fils pourvu quils disent, come quoi vous
ètant un home honète , que je peux vous rendre (sans en ètre conpromis) en libertée. »

XXX. *Jeunesse de Cyrus*.

Cyrus aimant peut ètre trop parlé, le devait
à son éducacion ; ayant été obligé dans toutes
circonstances à espliquer les motiffes de sa conduite a ses mêtres ; et puis ensuitte a les de-
mender a ses compagnons lorsquil fut leur juge,
mais , en plus , il aimait sinstruire et il demen-
dait souvant a ceux qui etaient là présants
raison de se quil voïait. Lui mème repondait
prontemant sur les questions que lon lui pouvait fairé ; a cause de la vivacité quil avait dans
lesprit. Tout cela contribuait de le randre grand
parleure, mais come les anfans qui sont arivé à
bonne heure à toutes leurs croissences, néamoins
conservent dans leurs visages certains airs de jeunesses trahissant leurs ages, de mème on décou-
vraient tant de simplicités et dagrêment parmi
tous ses discours sans pretantions aucunes ;
que lon eût préfèrés de l'ecouter ancore que de
le voire se tèsant. Mais au fur et mesure quil s'a-
prochait vers ladolessance ; et que son corps et
son age ce dévlopait, il comansa de moins parler
et plus posémant qu'avant, il devînt mème mo-

daiste, à rougir de ce trouver ensemble avec des personnes plus anciennes quil nétait. Il perdît pour lors cet humeur fougace et cète vivacitée avec lesquels il s'acostait avec tout chacun au hazar. Mais malgré quil devînt ainsi plus reposé ; toutefois il fut toujour aimable tout de même. Aux éxercices dans lesquelles les jeune-geans sont acoutumé de s'entre-provoquer reciproquemant, il ne défiait jamais à ces conpagnons les choses quil etait assuré de faire mieux que ceux-si, mais les choses à quoi il savait fort bien être moins adroit. Ainsi toujours en premier a cheval, pour lancer l'épieux ou le javeleau ; quoique ne se tenant pas ancore par trop bien ; vaincu, il se mocquait de soi même a cause quil était un maladrois.

XXXI. *Phrases détachées* (Participes).

Les grandes chaleures quil y a eues au mois de juyet dernier ont grillez une parti des recoltes. — Ces homes s'étaient imaginer qu'ils viendrait about de soulevé cette pière enorme : mais tous les effors quils ont fait ont étés inutiles. — Ces pauvres gens que vous avez laissé tous embarassé de savoir coment ils resoudrait la dificultée que vous leurs avez proposé, ce sont demandé si vous ne les aviez fait venir, que dans lintencion de molesté leurs amours propres, et enfin ils sen sont aller, désesperé de s'être lontems creusé le servau, sans pour cela être arivé a quelque résultas, dont ils eussent à ce féliciter. — Les livres, que vous mavez conceillé de lire, sont vraimant les plus interressans que jai jamais lu. — Le peu d'heures que j'ai consacré a létude, ont étées employé a me rendre conte des avis, que vous mavez donné ; je crois quen suivant la marche que vous mavez conceillé, et en me livrant dabord au genre de travaux que vous mavez indiqué jariverai aisémant à des resultas, que je naurais, sans cela, obtenu qua forse de tems et de fatigues. — Cest en lanée mille sept cents vingts, que la peste a comancé à éxercé ses ravages dans la ville de Marseille. — La réunion de trante persones que nous avons eu hier au soir, vous prouvent que tous nos amis ne nous ont pas encor abandoné et que notre disgrace nest pas aussi complette que vous laviez pansé. — La lesson, que vous navez pas voulu que jétudiasse, n'est pas aussi dificile que vous lavez jugé dabord. — On ne saurais calculés les immances avantages qu'a produit linvencion de la boucolle ; les progrets quelle a fait faire a la sciance de la navigacion et les nombreux païs quelle a faits découvrire. — Cette demoizelle est meilleur musiciène que nous ne lavions cru ; les deux morseaux brillans, que nous lavons entendu éxécuter aujourdui, nous ont convaincu que nous nous étions laissé aller trop légerement aux prévancions défavorables, qu'on nous

avait insinué relativemant à son talent : et nous
nous somes plu a reconaitre notre erreur en
lui donant les éloges, que nous avons cru quelle
a méritée, les deux fois quelle c'est fait entendre.

XXXII. *Du Style.*

Il n'ait pas fasile de doner une idé précise
sur se que l'on antand par le *stile*, que lon
peut néamoins définire ainsi, la manierre par-
ticulierre avecque laquel vous esprimez votre
penser moyenant le language, ou plus brève-
ment come ceci, le language qui est mis en œuvres. Larangement de mots èmploïés par un
auteure, peut être exampt de faute ; malgré
que son stile péchant sous plusieurs égars, soit
sèque, ou bien gaindé ; afecté, ou bien fèble.
Le language autant possible quil est de pouvoir
le réduir a sa plus saimple espression, prè-
sante les idés toute nuds. Le stile les abille ; et
il les revétit avec les ornemans le plus propres
pour les faire valoire.

Le premié mérite du stile ; ou plutot dire, la
premierre nésescité qui lui soit apposé, sont
qu'il soit claire. « Le discour, a ce qu'à dit
un écrivin sélèbre doit être claire a légart de
ceux mèmes écoutant avecque négligeance, il
faut que le sans sofre a l'espris de soi même,
tout come les lumierres du soleille frapent nos
yeux sans fixer cette astre. Ce n'ait pas sufi-

sament que l'on puisse vous conprendre, il faut faire de sorte quil soit inpossible de ne vous conprandre pas. « Il faut; dit un auteure Anglais ; que le stile sécoule come qui dirait un ruissau lynpide duquel on put toujour voir au fonds, » ce fonds là est la pensée.

La premierre régle quant à écrire clairmant, est que lon se rande bien le conte de ses idés a soi mème. Il est dificile de ne pas parvenir a randre nètemant ce quon conçoit bien : et il est inpossible que lon puisse dépeindre avec clarté vis a vis les autres, ce que lon voit seulemant soi meme dune maniere confue.

La clartée consisté; tant dans les chois de mots, qu'aussi dans la manière que lon les dispose pour formé une propozission : elle git ancore dans le rangemant des divers propozissions lesquèles concourrent pour formé une frase, Dans le rangemant des mots et frases la clartée éxige les réunions de trois principalles qualités : à savoir, *purreté ; propriétée* enfin *précizion.*

XXXIII. *Suite.*

La *purreté* consiste en fesant usage de mots et construxions aprouvé dans la grammère de la langue que lon parle ; évitant les tours et termes qui sont vieilli, ou apartiènent a des autres idiommes. Choisire le mot qui conviens ; jamais apliquer des termes en dehors de leurs

axeptions établie, jamais raprocher des images
dont les raports s'heurtent, est s'esprimer
avecque *propriétée*. Ne dire seulemant que
ce qui doit l'ètre; présanter a lesprit une idée
en de telles termes, quil vous soit inpossible
de pouvoire y rien ajouter ou retrancher, est
parler avecque *précizion*.

Indiquer quel sont les qualitées *nésessaires* au
stile, est énoncer ses défaux implissitemant. Tous
stiles pèchant en impropretés des termes, in-
corection gramatical ou obscuritée de pensée;
doivent ètre cévèremant proscris hors du language parlé, aussi bien come de celui écrit. En
outre de ses qualitées nésessaires il en est qui sont
exigé moins rigoureusemant mais sont pourtant d'une haute conséquance dans létude de
la rétorique. Nous voulons parler relativemant
aux *ornemans*. Les ornemans donent au stile
léléguance; la *grasse;* le *naturèle;* la *richèce;*
ou la *forse :* suivant que celui-si a le besoin de
plair; charmer; mouvoir; éblouïr; ou antrai-
ner.

Lon ne doit pas, il est vrai, considéré les ornemans come si c'était un mérite indispansable
pour le stile, tant que celuici n'est seulemant
ocupé qu'au sinple esposer des faits qui sont
ordinaires et des sansacions qui sont abituèles.
Mais une amploi fréquant du discours les apli-
que pour des cas d'une ordre plus relevée; et
fait d'eux un instrumant devant agir sur les pa-

cions des homes ; soit que cela soit pour poucer ceux-si aux bien, ou pour les dettourner du
mal. Pour lors lart devient nésessaire, rajoute
a la nature, disposant abilement les traits quil
en enprunte, et lui aide surement d'autant
plus quil sécarte le moins loin des routes quil
semble qu'elle lui trasse.

XXXIV. *Phrases détachées*

Je vous ai dit plusieurs fois que la vertu n'é-
tait point une vaine chimaire. — Vous n'avez
pas à vous plaindre sur mon exigeance, jusques
à présent je ne vous ai pas demandé quelque
chose. — Cet home se donne pour plus minable qu'il est, je vous répons quil a de quoi. —
J'ai eu hier un affreux hémoragie de sang. —
La disparution subite de deux agent-de-chan-
ges a causée à la Bourse un mouvement générale dinquétude. — Ah, que vous me faites du
mal. — Ce violon raisonne bien dessous l'archer.—Vous réunissez en vous le savoir à la modestie. — Ma sœur est étonament grèlée de la
petite vérole. — Si cet home n'est pas heureux,
il est au moins honête. — Si vous ne vandez
pas votre maison deux cents mille francs, vous
la vanderez du moins cent cinquante milles. —
Quant les maitres se résoudent de punire leurs
élêves, ce n'est que parcequils tiènent une
conduite réprimandable. — Vous cherchez de
me ridiculariser aux yeux de tout le monde. —

Mon fils ressamble à sa sœur come deux gouttes d'eaux. — Avant que de donner de la bouillie à leur enfans, les nourrisses ont la coutume de la gouter, voire si elle est aux dégrés de chaleur convenable. — Goutez-donc à ce potage : il est délicieux. — Pendant sa longue vielliesse, il a constamant gouté dun bonheur sans mélanges. — Il jouiera sa vie durante, du revenu dune propriété de douze cent arpans. — Le sergent est un gouailleur, il se mocque sur tout le monde. — Si peu que vous vouliez plaire en sociétés, soyez toujours prévenant ; mais surtout jamais maussade. — Je vous estime et je me flatte de l'être par vous.

XXXV. *Etat de l'Empire romain sous Dioclétien.*

Lancien édiffisse politic de Rome était toutafait dettruit, mème la ville maitresse jadis du monde nétait plus que seulemaut un point sans aucun pouvoire particullié dedans létat : le patriotisme (ses privilaiges étans devenu le droit de toute l'Italie) sétait étint dedans Rome : de mème en Italie, parseque ces droits avaient été comuniqué dans toutes les provinses, dans des païs mèmes que l'on croïait qui étaient habité par des Barbares. Le respais des ampreurs eût pu jusques à certain point supléer le défaut du patriotisme , mais quels respais est ce que lon pouvoit avoir vis a vis des homes qui ce laissaient dominé par dés préfais du prettoire; qui avaient le plus souvant sortis des rans les plus obscures dans la sossiété, qui c'étaient bassement disputé au sujet du pouvoir avec des conpetiteurs si peu estimables qu'eux même; qui pour ariver à lui navaient pas reculé vis a vis daucuns crimes, voire même de victimer leurs parans, et qui enfin une fois sétant assis dessus leurs thrones ansanglantés y donaient en exanple la cruautée et la dépravacion la plus complette. Le debordemant des meurs étant généralemant repandu, une longue kirielle de souvrains vertueux seuls aurait pu l'aréter, mais loin de ça les souvrains nétaient seulemant eux même que la produxion dune généracion coronpu; et ne démantaient pas leurs origines, come il le faut avouer. Ainsi les visses des peuples alimantait les visses des souvrains, lesquels visses de ces derniers en quelque sorte authorisaient les visses du peuple et les ampiraient, c'était un malheureux troc de corupsion avec de l'infamie. Au milieu de ladite démoralization, conserver cète générositée de santimant et cète forse dans l'ame, (lesquels sont nésessaires pour quon manie bien les afaires détat) c'était dificile et ne pouvait ètre doné sinon a quelqu'ètre privilégier.

XXXVI. *Pauvreté et charité du pape Pie VII.*

(Anecdote racontée par un marchand de Rome).

Père dune famille conséquente, depuis plusieures anées mon comerce était prosper ; lorsque mon crédit étant ébranlé par un vole nocturne, je fus reduit jusqu'aux dernierres estrémités : je demande a mes creansiers du tems, lorsque l'un de ceux ci plus cruel que tous les autres à lui tout seul, menassait quil me ferait trainer en prisons, parceque je lui devais sinquante piastres ; et le delais quil macordait était si bref quil fut inpossible que je puisse trouver la somme que je viens de dire. Réduit comme jétais au désespoir, je fus inspiré pour maller jetter aux pieds de notre souvrain auquel je dis mes maleurs. Le saint père mécouta ; à quoi il me répondit, « Je vas faire l'inpossible pour vous retirer de l'ambarras : venez va nous deux, si je possède tant seulemant 50 piastres, ils sont à vous. » Ayant suivi sa Saintetée jusques en son cabinais, celui-ci apela un majordomme lequel ouvrit le sécrétaire, dont après avoir fouillé dans tous les tiroires nôtre souvrain ne put faire seulement que trante piastres quil me dona me disant, « Je suis puni, mon cher fils, de ne pouvoir pas mieux, portez moi cette some a votre créansier, je mangage de fournire les vingts autres, dès quil me rentreras quelques choses, ce que vous pou-

vez dire avec assurence , et dont jespère que
l'on acceptra ma cotion. »

Je sortis dehors du palais avec mes yeux bai-
gné par les larmes datendrissemant et de ré-
conaissence. Cette aconte desarmant mon créansier , dans huit jours je ressus la some pour
solder ma créanse. Mais mon bienféteur ne se
tint pas à cela , car ayant fait s'informer sur ma
conduitte et la triste posicion de ma famille il
me renvoya de nouveau cents autres piastre.
Notre sauveur divin voulant me bénir , moi
qu'avait soutenu un ange , depuis ça tout me
prospère , mes afaires réucissent ; jéduque ma
famille et chaques jours nous apellons le soir
les bénédixions du Seigneur pour que celuici
les verse sur son digne réprésantant.

XXXVII. *Phrases détachées* (Participes).

Nous nous somes laissé intimidés par les me-
nasses que nous ont fait les voleurs qui nous
ont arété. — Nous avons fais toutes les démar-
ches que nous avons pu , à fin dobtenire pour
vous la place, que vous nous avez manifester le
desir docuper , mais le ministre vous l'a refusé
sous prétexte quil lavait déja promis a quelquun , qui la lui avait demandé avant vous. —
Mes frères se sont fait inscrir pour les trois bales, qu'on a anoncé devoir se doner aux profits
des pauvres, dans la sale de spectacle quon a
nouvellemant rebati. — Vous ètes une des per-

sonnes que j'ai cru les plus aptes a se chargé de
la conduitte de cet afaire ; et je suis persuadé
que la confianse que jai mis en vous sera plai-
nemant justifié. — Les biens que j'ai fait val-
loir pendant un an, nont pas été vendu en pro-
porcion du prix qu'on les avait estimé. — La
foule de gens que vous avez vu rassamblé sur
la place Vendôme, ny était pas venu avec de
bonnes intencions : les propos que jai entendu
tenir a la pluspart dentr'eux, et les armes que
je leur ai vu dans les mains, m'ont assez faits
présentir les disposicions ostiles quils nont
point tardé à manifesté.— Les somes enormes,
que m'ont couter les procès que jai eü a soutenire depuis dix ans ont tellement diminuées
ma fortune ; que lunique éritage de mes anfans
fans consistra dans léducacion quils auront
reçus.—Les deux romans, que ma sœure a lu ,
lont tellemant dégouter de la lecture de ce
genre douvrage ; que je ne saurais dire toutes
les peines quil ma fallus pour la décider à lire
les euvres de Walter-Scott que jai acheté der-
nieremant. — Pourquoi, mes amis ; vous êtes
vous laissé entrainer par les conseilles perfides
que cète femme vous a doné ; et pourquoi, ne lui
avez vous pas prouver quelle ce tronpait, en
vous croyant capable de répondre a lidée quelle
sétait plu à consevoir de vous. — La couple de
boëtes de dragés que je vous ai offert, vous ont
elles semblé aussi bonne que celles que je vous

ai faite agréer lanée dernierre. — Ces deux
homes ce sont doné et rendus une multitude de
cous et pourtant ils ne se sont pas faite la plus
légerre blessurre.

XXXVIII. *Le Grand Condé et l'abbé Boileau.*

« Le grand Condé, passant par la vile de Sens laquelle était de son gouvernement de Bourgogne,
il fut conplimanté des Compagnis de la vile et
il se moqua de tout ceux lui faisant des conplimant. L'abé Boileau frère du poëte alois
doïen dè la catédralle de Sens ; fut charger pour
prendre la parolle en tète de son Chapitre.
M. le Prinse en voulant deconserté lorateure
afecta comme davanser la tète et son gran né,
du coté du doïen, pour lui faire manquer si
il pouvait. L'abé Boileau sétant apersu de cela
et faignant d'être comme un home interdit ;
comensa ainsi à faire son conplimant ; « Monségneur Votre altesse ne doit pas ètre surprit
en me voyant qui tramble en paraiçant par devant vous, en tète dune compagni d'éclésias-
tics, car suposé que je sois en tète dune armé de trente milles hommes je tramblerais
bien plus. »

M. le Prinse charmé par se debut ; embraça
lorateur, sans lui laisser achevé. Il en demanda
le nom et quant on lui eût dit que celuici

etait le frere à M. Despréaux, il redoubla ces caresses et le retenut pour diné.

Ce trait me fait me rapeler d'une reparti de même genre, que fit le poète Boileau même à Louis XIV. Dordinaire il soutenait librement son opinion devan lui ne sortant néamoins pas hors du respec qui lui était du. « Sa Ma-« gesté aurait eu pris vingts villes, lui dit il un « jour, avant que de me persuader cela, » et comme tous ceux qui étaient là présent parais-sait s'étonner, de ce qu'il avait oser se disputé contre le Roi, « Cela m'est glorieux lui dit il, que « de toute l'Europe je suis le seul a oser resister » a sa Magesté. »

XXXIX. *Les hommes doivent vaincre le penchant naturel qu'ils ont à la paresse.*

Le travaille parait a tout chacun come une peine dont il voudrait ce garantire. L'home la-borrieux forsé a gagner son paint avec la sueure de son frons, envie l'home riche quil voit qui est plongé dans loisivetée ; quoiquil est sou-vant d'avautage a pleindre que le premier. Le pauvre travaille a s'amasser de quoi ; dans les-poir un jour de ce reposer. Les préjujers de quelsque peuples les font regarder le travaille come étant abjecte et le partage méprizable des gueux. En trois mots : on remarque aux homes en générale, un panchant naturèle pour la pa-rèce, lequel anvisagé par son vrai point de vû nest ni plus ni moins qu'un visse dont notre interet à nous et à la sossiété nous angage que nous le conbations sans relacher. Lapatie ; lindolanse ; laversion du travaille, lignoranse nous fait ètre inutilles et incomode pour le corps où nous somes les manbres ; et nous met dans létat de ne pas pouvoir nous avoire le bien ètre que nous avons droit d'aspirer. Finalemaut suposé que lactivitée est une vertue réel ; c'est donc évidant que la parèce est un visse. Ce nait que pour travaillèr senlemant a son bonheure mutuelle, si l'home vit dans la sossiété. Xénophon dit, « jamais un esprit livrée a la parèce ne produit rien en bon. » Un addage connu come Barrabas nous dit que loisivetée est la mer à tous les visses. Ce sont d'elle en effet que lon voit que sortent les fantésies le plus bisares ; les gous le plus pervaires ; les dèpanses le plus estravaguantes ; lesquelles exès nont pour obgets que de supléer des ocupacions honètes , lesquelles empécherait que les homes sentent le fardeaux qui les acable de loisivetée. « N'y a pas ; dit Démocrite ; de fardaux pésant d'avantage que la parèce. » En efet celleci a toujours la compagnic de l'annuit ; duquel suplice rigoureu la nature se serre pour punire tout ce qui refuse à socuper.

XL. *Phrases détachées.*

Croyez vous que votre fiere veule me faire le plaisire de me venire voire. —La vivacité ou la *langueure* des ieux font l'un des prinsipaux caracterres de la fisionomie. — D'ici Belleville la trotte est passablemant longue, c'est pourquoi nous irons an voiture.—Etes vous allé la semaine passée à l'hospisse des Quinze-Vint come je vous en avais engager.—Raportez vous à moi et mon père, et si l'un ou lautre vous disent que vous ayez tort, ne persisté pas en votre dessin. — Nous fûmes ce matin chez vous, dans lintantion que nous vous vérions, mais nous ne vous trouvames pas. — Le dix huit et le dix neuvième siecles ont été féconds en revolucion. — On dit qu'un home est un imposteur quant il *impose* à tout le monde. — Je vous porterai des jolies fleures pour vous faire, avec, un bouquet pour la fête a madame votre mère. —Combien de gens se revétissent de la peau d'agnau pour mieux caché les ongles de tigre. — Comandez en douceur et vous serez toujours sertain dêtre obéi. — Cette demoiselle a un exellant ton ; des manieres parfaites, en un mot elle a tout a fait lair parisienne. — Je m'en vas vous demandeu une chose que j'ai besoin. — Vous êtes la seule persone, qui paraissez prandre une véritable part de mon bonheure. — Je suis cent fois plus malheureux aujourd'hui que

je létais autrefois ; on ma ravi la seule consolacion qui me restait ; celle de voir mon ami.
— Le vice désonore l'home, il ni a que la vertû
qui l'anoblisse. — Vous me tourmantez à pure
perte, je suis résolu de ne point vous séde.
— Je ne pense pas que je recevrai aujourdui la
visite du générale. — Vous ne sauriez imaginer
combien votre lètre m'a causée du chagrin. —
Je m'assois sans atendre que vous me disiez :
assoyez vous. — Aussitôt son arrivée il c'est
ampressé de ce rendre à mon invitacion. —
Beaucoup pensent qu'Homère soit beaucoup
préferable a Virgile. — Il y a de certains auteure qui ne mètent point leurs nom a la tète
de leur ouvrages, et se contantent de signer
leur préfasse.

XLI. *Milord* Chapeau-rond.

L'ampereur Paul de Russie avait l'orreur des
chapeau-ronds tant et si bien qu'un beau jour
il les a proïbé. Cette ordre parut être bisarc
mais fut éxecuté par la rèson que l'on se disait
à soi, que lorsque il est pocible de pouvoire
plair au souverain avec si peu de fraits, se
nest pas par trop la pèine que lon ce rébel-
lione, toutes fois les homes d'économie et de
prevoïance acrochèrent le chapeau-rond jusques au raigne d'après. Un anglais prenant les
choses plus cérieusemant, et pansant qu'une
oukase sur les chapaux c'était faire outrage a

la libertée individuèle et la dignitée du frons
humain ; continua donc de porter le sièu.
L'ampreur promenant en voitures, lapersoit assez loin, et envoye un cavallier de sa garde arèter *la coifure désobeiçante*. Le cavallier coure
sur l'anglais, et il se trouve en face avec un
chapeau trois-corne, doù il revient et fait son
raport. L'ampereur très étoné braquant ses
lunètes et retrouvant de nouveau la forme
ronde, traite le soldat come butor aveugle ;
et il expédit un oficié, lequel va bride à batu,
et fait la même réponce du soldat. De quoi
étant indigné le prinse reluque de recheffe,
mais le délincant était disparru ; ayant mit la
polisse de campagne, le même jour l'on obtenut le mot dénigme. Ledit anglais pour con-
silier ensamble son antètemant ainsi que le
caprisse du souvrain avait fait façoner un
chapeau lequel moïenant d'un petit ressore,
passait subitcmant de la forme des trois cornes
à celle ronde. Laquelle idée l'ampreur trouva
plèsante au point de faire dire à l'insulère, de
se coëffer de telle manière quil antandrait, et
que l'on l'en laissait libre. Depuis quoi on
apela cet anglais du nom de Milord *chapeau-
rond*.

XLII. *Artaban dissuade Darius de porter la guerre en Scythie.*

Les créaturs et les courtizants conseillaient Darius pour qu'il porte la guère en Scythie ; tandis qu'Artaban oncle de celui ci , autant habile politique, come estimable raport à ces qualités propres : « Ceux , lui dit il , qui forme des grandes antreprises, doivent conciderer auparavant tout pour voir si lesdites antreprises seront utiles, ou sinon si elles seront préjudissiables par raport à l'état ; et puis, si elles pouront contribuer ou ternire leur gloire. Or donc je ne vois pas , Seigneur , quand à la guère des Scythes , quel avantage vous pouvez atendre d'elle. Parsemés dans des immances solitudes , sans viles ni sans maison ; que l'on me dise voire quest ce quil y aurait moyen de gagner en les ataquant , ou plutôt dire quest ce quil n'y aurait pas moyen d'y perdre à cela. Ayant la coutume de passer dune contrée dedans l'autre , suposé qu'ils s'ingèrent de fuire non pas par lacheté dont ils sont incapables ; mais pour nous échigner notré armé , quest ce que nous ficherons dans un pays où il n'y a rien du tout. Je crains de peur qu'une fausse idée de gloires vous pressipite a une guère pouvant tourner en honte pour votre nacion et vous. Vous goutez la paix parmi vos peuples désquels vous êtes ladmiration et le bonheur.

Vous savez, que les dieux ne vous ont doné seulement la courone qu'afin d'être plus encore le ministre de leurs bonté que de leurs puissances, vous vous piquez de ce que vous protégez et êtes le père à vos sujets, et vous répettez souvent (ce que vous pensez ainsi) que vous ne vous croyez pas roi sinon eux étant heureux par vous. Quel joie c'est pour vous que vous soyez la source à tant de biens et que vous fassiez vivre ombragés par votre nom autant de peuples, dans un repos tant aimable. »

XLIII. *Phrases détachées* (Participes).

Nous les avons laissé nous débité tous les mansonges quils ont voulu, mais nous nous somes inposé la loi, de ne pas plus croire aux récis quils nous ferons, qu'a ceux quils nous ont déja fait. — A en jugé par les témoignages de douleurs quelle a fait éclatés nous nous étions persuadé, qu'elle ce serait laissé sucomber a son chagrin. — Quels preuve de reconaïcance avez vous donné à votre mère, et quels droits avez vous cherché a aquérir a sa tendrèce, anfans ingrats, vous quelle a conblé de tant de bienfais : vous quelle cest constamant proposé de randre heureux : vous quelle na pas laissé manquer même du superflut, vous anfin qui nètes parvenu a aquérir linstruxion quon vous a donné que grace aux privacions

quelle sest inposée ; aux sacrifisses quelle a
fait ; et à l'infatigable solicitude avec laquelle
elle vous a guidé, dans la carière que vous
avez parcouru. — Que pansez vous des trois
volumes de Nouvelles que je vous aie doné à
lire, les avez vous trouvé de votre gous, et
quant vous les aurez lu desirez vous que je vous
prète les deux nouvaux volumes, qu'on a fait paraitre depuis. — Je regrète que nous ne nous
soyons pas rapelé le titre de la belle tragédie,
que nous avons entendu lire dans la dernière
séance academique a laquèle nous nous somes
tant amusé. — Ils se sont plu à racembler, dans
ce lieu, tout ce quils ce sont imaginé pouvoire
me procuré quelque plésir, ils ont poucé la
delicatèce jusqu'a paraitre ètoné de ma surprise
et je les ai vu concervé un aire dindiférance
complette jusqu'au moment ou je les ai remer-
cié, alors au lieu de paraitre flaté de ma reconessance ils en ont eprouvé une sorte de gène
et de contrainte que j'ai pu fasilemant remarqué sur leurs visage, et ils ont finit par me
déclaré frenchemant, que si je ne voulais pas
les privé de toute la satisfaction quils c'étaient
promis en mobligeans je devais avoir l'aire
dignoré le peu déforts quils avaient fait, pour
me randre la vie plus agréable.

XLIV. *L'Amitié.*

Lamitié est lun des plus grans dentre les avantages desquelles l'home peut jouire pendant le tems quil est vivant. Il nest rien qui est plus maleureux que ses cœurs arides; lesquels étant consentré dedans soi même ne satachent point à persone. Il ni a point, a ce que dit Bacon, une plus désolante solitude que pour l'home étant privé davoir des amis, le monde ne lui est rien sinon seulemant un désair vaste. Lincapable damitié tient d'avantage dune bête que d'un home. Par lamitié l'home double en forse. Celle-la supose en éfet un pacte, par la vertu duquelle on s'angage que l'on se témoignera mutuellemant une confianse résiproque ; pareillemant que lon se donera en toutes ocasions, des consolacions, conseilles, et secoures : que lon se mettra en comun pour les intérais et que lon se partagera ses plaisirs et peines. Est il rien qui soit plus doux, que quant vous trouvez quelcun dans le sain duquel vous pouvez reposé sans craindre vos pansers le plus segrètes ; vos santimans le plus caché. Que c'est doux pour un maleureux, que de trouver un cœur toujours disposé pour sinteresser de lui, lui essuïer ces larmes et l'aider pour quil suporte les orage de la vie. Par lamitié notre sort; notre bonheur deviènent ceux à notre ami ; avec lequel nous idantifions ; lequel vient à être un

autre nous mêmes ; duquel la raison la prudance ; la sagesse , la fortune est a nous , et que
nos afections aussi bien que nos joies cè con-
fondent l'une avec lautre. Fortifiés l'un lautre
nous marchons avec d'avantage dassurance dedans les routes insertaines , qui sont dans ce
monde. Un ami, à ce que dit Aristote ; est une
ame vivante dans deux corps.

XLV. *L'Espion*.

Dans 1812 un espion étant à Odessa y fut
arèté. M. F.... chargé de la polisse segrète
l'ayant fit subire une intérogatoire , le prisonié par beaucoup d'audasse ainsi que de présance dans lésprit, le déconserta. M. F.... dé-
courragé revenant dedans son cabinais , et
disant à lun dentre ces anployés , « Jai tourné
se diable d'home de cent fassons sans que je pusse
en rien obtenire , car il a réponce sur tout et
ne ce trahit daucun point ; dont me voila qui
suis très fort anbaracé ; car pour sûr certènemant , il est très fort coupable, quest ce que
nous ferons. — Otorizez une segonde intérogatoire ; lui reprit lanployé , dont je vous prie
que vous vouliez me confier le soin , peut être
l'on obtiendra quels qu'àveux. — Je consens ,
mais point de violanse , je vous en défand. —
Reslez én tranquile je n'y anploirai seulement
que des párolles. »
Lespion persistant en ses dénégacions et ce

justifiant avec beaucoup de la véémance , alors
l'ageant de polisse lui dit, « Monsieu ; vous
vous esprimez très préci pitament, à la diférance
de moi qui parle fort malaisement dans votre
langue : ainsi terminons ; j'ai des preuves en
mains que vous êtes venu dans notre païs dans
des très coupables intansions , avant que de
vous le faire conaître jéxige un aveux que j'ai
un moïen sur d'obtenir, lequel moïen étant
violant, c'est avec regrets si je vais lanployer
votre obstinacion m'en forsant. » Alors se frapant dans ses mains ; voilà quatre homes armé
de *knout* qui entrèrent dedans le cabinais ,
auquel aspect lespion dit , « Monsieu ; faites à
ses gens là ce retirer , nayant que de faire à
entandre ma confècion ; je vous dirai le tout
en entier , mais ne me perdé pas. » Ayant écrit
ses revelassions quil cigna , le landemain on
vous le fit partire au monastaire de Solovski
dans lequel il gouta une honète libertée. _

XLVI. *Phrases détachées.*

Nous décriverons suxessivemant les divers
merveilles de la nature brute et civilizée. —
C'est chez vous où je danserai pour la dernierre
fois dans ma vie: — Cest envin que nous nous
somes étoné et oposé a cet abut. — Jai été touchez par les temoiniages de votre bienveyance
que vous avez bien voullus me doner.—Ce sônt
là tout à la fois l'atrait, la cause ; le moyen ; la

fin ; c'est le prinsípe qu'a cette grande et belle institucion. — Cette dame est la persone où nous somes allé ensemble lautre jour. — Pourquoi nai je pas prévut davanse ce qui vient de nous arivez. — Donnez vous garde de plésanter avec lui, car il neutend pas à raillerie, c'est l'home le plus rancuneux que j'ai jamais connu. — L'epizode d'Aristée est contée avec une grace qui napartient seulemant qu'a Virgile. — Les habitans de Naples sont acoutumé aux irruptions du Vésuye. — Ayant (*vous*) tout fait pour m'obligé, jespère de votre coté que vous navez pas a vous pleindre sur moi. — Cet home ne manque pas desprit, mais agit quelques fois à létourdi. — Je vous retourne les cadaux que vous mavez fait, je ne veux pas axepter rien venant de vous. — Cette soupierre en porselaine est fort belle, cest domage que lon lui a cassé son couvert. —Javais tellemant de chaud, que jaie avallé presque tout a coup une bouteille de bierre. — Quant je vois la troupe deffiler à une grande revue j'imagine que je suis en un chant de bataille. — Jai choizi cèfe grammère vaille qui vaille.—Ces palais étaient autres fois les résidances à deux grands rois, aujourdui ils ne les sont plus. — Come de juste je vous payerai les interrais de cète some en raison de cinq du cent. — Fut il au monde une femme plus respectée, plus environée dégards que je ne la suis.

XLVII. *Expérience faite par M. de Maistre, à Saint-Petèrsbourg.*

A lārivée à St. Petersbourg de M. de Maistre ; ministre de Sardaigne près la cour de Russie ; l'un de ses colègues questioné par lui au sujet du caractaire nacional lui dit, autr' autre chose, « En générale le peuple Russe est doux ; ospitallier ; rampli de beaucoup de finesse et d'intelligeance, ce pendant les spectateurs restent immobiles lors qu'un accidant survient dans les rues , et ils regardent sans avoir idée de vous porter du secours, je ne puis m'espliquer en moi même cète nuanse de caractaire, contrastant bisaremant avecqué la bontée Russe ; bientot vous ferez la même remarque quant vous promènerez. »

M. de Maistre lequel était avide dobservācion sur un terrein nouveau a son égar, eut dans lidée de faire à son risque et pérille une espérianse. Lē trainage venait de sétablir depuis peu, c'est pourquoi il dit ceci a son coché ; « Iwan exerse toi dedans ma coure pour faire ranverser ton trênau lestemant de manierre à ce que celui que tu conduirras n'aye aucuns dangers. » Dès aussitot le landemain voilà Iwan qui vient et anonça avecque respect pouvoir ranverser dans la naige son éxellanse come qui dirait sur un lit en plume.

Sur les midi le conte envelopé avec sa fourure se fit mener en fasse l'église. de Malte, quartier très populleux. Au cignal convenu le coché ranverse le maitre, voilà le conte qui gît et qui joue parfettemant la douleure. On satroupe a lentour de lui mais a la distanse respectueuse, et pas aucuns bras ne viènent sofrire à l'aidé afin de se relever. Come il sétait résolu a acorder déux minutes pour cête épreuve ; lors quil crut quelles etait écouler, sétant relevé il rejoignit son trèneau, et saluant les curieux avec un gran remersiemant, alors toute lassamblé comansa de rire. Le conte étant rentré chez soi fut fort satisfait au sujet de son espériance, c'est pourquoi il dit a son sécreterre, « Ecrivez come quoi se peuple observe une scrupulleuse neutrallité pour les gens auxquels un accident arrive en plaines rues. »

XLVIII. *Anecdote chinoise.*

Les Chinois sont dune pénétracion ainsi que d'une présance d'espris singuliére surtous dans les moïens quils employent davancer leurs afaires ; ou se tirer des mauvais pas dans les quels ils se trouvent ètre. Un sertain mandarain, lequel était *visiteur* dune province ; après avoir éxersé quelques tems sa fonxion ferma tout d'un cou les portes de sa mèson ; et il refusa de donner d'audiance a qui que se soit sous prétexte dètre malade. L'un de ses amis les mandarins qui fut faché de cette axident ayant

demandé de lui parler, eût toutes les peines du
monde avant de lui parler. Etant entrer chez
lui, il lui dit comme quoi le public mur-
muraient a cause quil laissait les afaires en sus-
pent. Le visiteur sexcusa de sa malladie. « Je
ne vois pas, à ce que lui dit son ami que vous
ètes mallade ; et si vous voulez vous ouvrire à .
moi je vous servirez aux perilles de ma vie. »
— « Vous saurez donc, lui reprit le visiteur ;
que lon m'as pris le seau de lempreur dedans
le cabinais, dans lequel jétais en coutume de le
tenir, sans quon ait paru avoire ouverte la porte ;
de manierre que si je donne des audiances, je
naurai point de seau, duquel seller mes dépes-
ches : outre que si on vient jusqu'a savoire ma
neglijance je perderai mon gouvernemant, et
peutétié ma vie avec. Je cherche de gagner le
tems malgré que je sçais combien fort le peuple
souffre raport à mon inaxion. » Le mandarin
senti dès aussitot le mauvais état dans lequel
il était ; et il lui demanda, si il navait pas quel
qu'énemi qu'il soupsonait qui lui aurait joué
ce tours. « Il y a lontems, lui repris-t-il, que
le *Chef foo* autrement dit gouverneur de la
ville m'en veux : et ce sera lui le premier qui
informeras la cour sur mon malheur. — « Ecou-
té : lui dit le mandarain ; serrez moi tout vos
éfets dans lendrois le plus reculer dans votre
palais : metez le feux dedans vos apartemants
après avoir otés les meubles : et apelez au se-

court. Le *Chef-foo* si rendra le premié, sa charge l'en obligeant. Aussitôt que vous l'apperceverez apelez moi le tout haut et puis ensuite dite lui come ça, que vous lui confié le soin de votre cabinais lequel est fermer ; au cas où il vous à volé le seau il le remètra pour sûr en plasse ; de peure que vous l'acusiez come layant perdut. » Le Visiteur ayant suivi l'avis à celuici ; le seau lui fût rendu pas plutard que le landemain.

XLIX. *Phrases détachées* (Participes).

La quantité de perderis que nous avons appersu, était si grande que dun seul cou de fusi nous en avons tuez cinq. — Quel avantage, ou même quelle jouissance, ont ils retiré de tous les travairs, auquels ils ce sont laissé aller. — Cest vous mon fils, plutot que vos frerres, que jai eu en vu dans les exortacions que je vous ai adressé a tous. — Ce sont moins les agremens de lesprit, que la bonté du cœur, que jai recherché en elle, lorsque je lai épousé.—Il ne sait pas conbien dénemis il c'est fait pour avoir négligé les conseilles, que je nai cessé de lui donné dans toutes les ocasion qui ce sont présanté. — Quelles persones mavez vous cité, que je ne vous aye prouvé mètre parfaitemant connus. — Les livres, que je vous ai assuré avoir, lu, ne sont pas ceux que vous mavez deffandu de lire. — Quelques soyent, et les fautes que vous avez comis et les desagrémans quelles m'ont ocasioné; le répantir, et la douleur que vous men avez manifesté, mont angagé a vous les pardoné. — Les idées que vous avez essayés de réproduir, sont bien celles que jai vu exprimer dans les vers que vous avez voulu imités. —Les froids quil y a eu liver dernié, ont donés naissance à moins de malladies, que cette autone humide n'en a ocasionée. — Ils ce sont enfin fatigué l'un de lautre, par suitte des queréles quils ce sont sussité mutuellemant. — Ils ce sont plus quèrèlé, et ce sont dis plus dinjurrés, quils ne ce sont fait de mal.—Nous nous étions retiré dans cette salle; mais on nous en a renvoyé. — Vous mavez montré plus dindiféranse, que je ne vous en ai témoinié. — Les biens que jai fais valoir, ont produi èete anné deux fois plus de séréalles, quils n'en avaient raporté lanée présédante. — Si nous avions pu prévoir le peu de prograis que vous avez fait, nous ne nous serions pas doné la peine de faire germer dans votre esprit les belles conaissanses, que nous nous somes éforcé de vous enségner.

L. *Frivolité des Tirynthiens.*

Les Tirynthiens étaient si fort disposés pour la jois et la gaitée quils nétaient plus susseptibles daucunes afaires cérieuses. Ne pouvant

plus reprandre leurs gravités sur quoique ce
soit, tout était parmi eux en le plus grand des
desordres. Se rassanblant, tous leurs antretiens
ne roulaient uniquemant que sur des follies
en place de les fixer sur ladministracion public.
Recevant des ambassadeures, ils les gouail-
laient. Dans le conceil détat les avis des plus
graves des sénateures, étaient ni plus ni moins
que des arlequinades, et dans les ocasions de
toutes soite une axion ou parole résonable auraient été prodigieuses, parmi cette nacion. Ils
santirent enfin être incomodés de cette espris
de frivolitées. Ils furent enfin consulter loracle
de Delphes, et lui demander coment recouvrir
un petit peu de cérieux. Celui ci répondit, quil
serait désormais en leur puissansse quils fussent plus sages, si sans rire ils pouvaient sacri-
fier à Neptune un toreau. Malgré qu'un sacrifisse n'est pas une axion si plésante de soi
mème ; pourtant pour le faire cérieusement, ils
y portèrent bien de la précaucion, résolus à
n'y recevoir point de jeunes gens mais des viel-
liards ayant, ou bien des infirmitées, ou des det-
tes ou bien des femmes facheuses et incomodes.
Quant toutes ces persones etant choisis furent
pour immoler le sacrifisse sur le bord de la
mere, il falait tout de meme malgré leurs ages
et les sujets quils pouvaient avoir de déplésir,
il falait qu'ils composent leurs airs, abaissent
leurs yeux et mordent leurs lèvres. Pourtant

jusqu'à là tout alait au mieux du monde, mais par malheur quil s'y trouva un enfant, sétant glissé là secrettemant, lequel ,* come on le voulait chassé s'écria ainsi , « Avez vous crainte « que je ne vous avalle votre toreau. » Toutes ces gravitées contrefaites, ayant été déconserté par cette sotise, la coutume en trionfa, ou éclata en riant ; et le sacrifisse etant troublé la raison ne leurs revint jamais au grand jamais.

LI. *Charbonnier est maître chez lui.*

François I égarré à la chace , entra vers les neuve heure au soir dedans la cabane à un charbonié, le marit étant abcent ; il n'en trouva seulement que la femme assise sur ses tallons près le feu. S'était en hyver ; et la pluis qui avait tombée en abondense ce jour la, forsait le roi à ce quil demende retrète pour y passé la nuie, il demenda aussi de souper. En espérant le retour du maris il se chofa, étant assit dessus la chèse, la seulle qui était à la méson. A environ dix heure voila arrivé le Charbonié lassé de son travaille ; fort afamé, et tout mouïé. A peine eu-t-il sallué son haute et lui eu-t-il secoué dessus lui un large chapau inbibé avec la pluis ; prenant la place la plus commode s'est à dire la chèse au roi ; lui dit, « Mosieur : « je vous prans vôtre plasse par ce que s'est la « celle ou ce que je me met toujours ; et cette

« chêse par ce que s'est à moi. » Puis ensuite come Sancho il sita un proverbe

> Et par droit et par rèson ,
> Chacun est mètre en sa mèson.

François I'aplaudissant la sitacion , se plassa tout come il put, sur une mechante céllette en bois. Les voila qui soupèrent ; tant et si bien que le charbonié grand politic come font beaucoup de particulliers, régla les afaires du roïaume et voulait que l'on suprime tout les impos. Le roi eût peine a le faire antendre rèson dessus cette article, le Charbonié se rendit donc a la fin des fins ; doù il porta la conversacion sur la chace. Grans résonnement de parts et dautres sur les défences , et les permicions. Le mètre du logit ne ce défiant point sur son haute souvrit biéntot vis a vis lui , « jai là , lui dit il un morsau de sanguelier : « pensant que vous ne me perderez pas, man- « jons le ; et sur tout la bouche clause. » François I ayant promît tout , et manjé avec un très bon apétit le jibié ayant été vollé dans ses tères ; et le landemin c'étant fait reconaitre, acorda la chace a son haute come étant le prix de sa franchise. Cest, prétend on, cète istoire transmise a nous par Montluc, à laquelle faut faire raportée lorigine du proverbe, *Charbonié est mètre chez lui.*

LII. *Phrases détachées.*

Tel habile que vous me parussiez, je ne voudrais pas me raporter a vous pour le soin de cète négociacion, par la raison que je trouve que vous ètes trop jeune. — Le cercle existait, avant que l'on ne l'ait définit. — L'on ne saurait ètre plus charmant, plus gracieux, que Madame ***. — Les Diogene sont aujourdui plus comuns que les Socrate. — Vous concevez les choses, sans que lon n'ait besoin de vous les espliquées. — J'ai été montré par un foit bon maître. — Mettez de la colafane à votre archer. — Aimez-vous les volauvents de moru ? — Arrivez donc : l'on vous demande à corps et à cris. — Ce brave général mit la main à son épée, se précipita au milieu de la mèlée et tuã un grand nombre des énemis. — Sortez ce chien du salon, je sors encore de lui balier ses ordures. — Avouez que vous ètes passablemant pointilleur, persone n'est a labrit contre vos malins épigrames. — Les Arabes, les sauvages mèmes ne seraient pas suceptible dune action si barbare. — S'il vous arive d'avoir besoin dun peu dargent venez me trouver : je vous le donerai. — Il faut bien prendre garde à faire des injustisses, peur de mériter le nom dun home injuste. — Je ne serais jamais venu ni couché dans cette auberge si je n'avais été forcé par les circonstances. — Votre thème ne serait pas mal; sans les deux solessismes que vous avez fait dedans. — La pourpre est une maladie assez comune chez les enfans. — Je bois aux santés de tous vos parans. — L'humiditée influence les santés de beaucoup de persones. — Messieurs, quelle est létat de vos santés. — Ou etiez vous au moment que la pluis est venue. — Mon ouvrage n'est point terminé, je veux encore lui ajoutter quelques choses. — Si vous ne travaillez que de loin en loin vous perderez bientot le gout pour létude. — Il est impossible de pouvoir lui faire céder, c'est vraiment un home cruel. — Nous ne décessons pas de nous louer l'un et l'autre mutuèlement. — Cet home est si minable quil n'a pas même des soulliés dans ses pieds.

LIII. *Constantin se dérobe au poignard de Maximien son beau-père.*

Les Francs venant d'anvahire le païs de Trèves, Constantin dont la rapidité fut presque toujour la cause des suxès, court pour conbatre contre ceux ci, avec un fèble corps de trouppe, dont il était à la tète. Dès que Maximien le sait ètre engagé à cette guère, le voila qui repand come un bruit, quil est tonbé sous les coups des barbarres, après en avoir été anvelopé; et qui convocant avec hate les légions se trouvant du coté d'Arles, fait à celles ci le proclamer ampereur. Constantin l'aprend

au momant que son audasse venait de forser
les énemis, prenant la fuite, a repasser le
Rhin. Il ne perd pas son tems, mais pront
come qui dirait une éclaire, le voilà qui suivi
par quelques dévoués, revient à Châlons, et
s'ambarquant dessand la Saône et le Rhône, et
reparait de nouveau à l'imprévu sous les murs
d'Arles. Maximien n'ayant point eu le tems
pour s'organizer dans ses forses et se consolider
dans son usurpacion, ne comandait que par
la crainte, au lieu que pour ce qui est de
Constantin, celui ci était aimé. Dès aussi-tot
que le nom de cet homme chéri se fut entandu, voilà que tous les cœurs volent en avant
vers lui, ainsi que les soldats se rangeant en
foules sous ses drapaux. Maximien s'en étant
fui à Marseille y est poursuivi par Constantin
auquel les portes en sont ouvertes par les habitans, et lequel étant clémant après lá victoire n'ote seulement que la pourpre inpériale
a son baupère quil retient auprès de soi, le
laissant en vie. Nétant pas touché de cette
dousseur, l'inplacable vielliard résolvant de se
vanjer jura qu'il donerait la mort à celui venant de lui épargner ses jours.

LIV. *Suite.*

Après quelque mois, se trouvant ancor à
Marseille avec Constantin, l'ame genereuse de
celui ci ne pouvant soupsonner un crime pa-

reil , Maximien fit à sa fille Fausta la découverte de son afreux proget ; anployant à tour
de role les présans, ainsi que la prierre, la promesse ainsi que la menasse pour engager celleci
à ce que la nuit elle laisse lapartemant de son
mari ouvert , et quelle éloigne les gardes veil-
lants a la sureté de son dit mari.

L'inpératrisse malheureuse forsée pour doner, parlant, la mort à son père , et se taisant,
à son mari ; fut long-tems à savoir (affreuse
posicion) qui trahir ou qui sauver ; finalemant
lamour conjugale lanportant, et ayant promis
a son père dobéire elle rèvella le tout a Constantin qui consterné plus queffraïé par un forfait tel , refusait de le croire et voulut avoir,
sa preuve évidante auparavant que de le punire. Avec les mœurs barbares quil y avait dans
ce tems là les esclaves comptaient à peine
comme étant des hommes, cest pourquoi Constantin, pour dévoiller lafreuse véritée sacrifie
les jours d'un euhuque qu'il plasse dedans
son lit, éloignant les gardes et se tenant à la
portée de voir tout.

Dans les onbres et le silance nocturnes Maximien armé avec un poiniard , avanse, voyant
avec une barbare satisfaxion sa marche dégagé
de tous les obstacles par sa fille ; entré dedans
la chambre et aprochant près du lit il anfonce
par plusieurs reprises le poiniard dans le seing
à lesclave , s'écriant , *mon énemi étant mort*

je suis maître de l'anpire. A peine il a pro-
nonsé lesdits mots, voilà Constantin qui apa-
rait devant sa vue et layant aterré avec ses
regars menassans, lui change sa cruèle joie eu
honte et désespoire. Nétant plus pardoné par
Constantin ; Maximien périt justemant vic-
timé par une coupable ambicion laquelle ne
put seulemant séteindre qu'ensemble avec sa
vie.

LV. *Phrases détachées* (Participes).

Que dévênements ce sont suxèdez depuis un
siècle ? — Que de grands hommes ce sont im-
mortalizé, dans les travaux quils ont eu a en-
treprandre. — Cette poire est moins bonne
que je ne laurais crut. — J'ai ecrit plus de pages que vous nen avez lus. — Les bonnes gens
que vous aviez amené, s'en sont allé peu de
temps après être antré. — La réserve quil sest
imposé, a été cause des suxès quil a obtenu dans
toutes les sossietés quil a fiècanté. — Que de
gens croyant suivre la marche que leur ont indiqué les hommes qui ce sont distingué dans
leur profaicion, sen sont aux contraires écar-
tez, aux points de sètre randu indignes de la
confianse, quon avait acordé à leurs prédéses-
seurs. — Les choses, que nous avons cru devoir
vous faire plaisire, sont toujours celles que nous
avons cru devoir recherché de préféranse.—Ce

n'est pas seulemant l'intéret du moment mais
bien les conséquances à venir, que ces adminis-
trateures ont eu en vue dans le court des fon-
xions quils ont exersé. —La quantité de fleures
et darbustes, que jai vu sur le quai aux Fleures,
était si considérables, que quelque fut la bonne
volonté que javais aporté dy faire quelsqu'em-
plètes, la difficulté du choit ma anpéché de
mettre a profit les bonnes disposicions, qui ma-
vaient ammené sur cette promenade. — Quel
drame, ou plutot quelle tragèdie avez vous vu,
qui vous ait interressé autant que la piesse,
que nous avons vu joué la semeine dernière.—
Vous êtes un des premiers que jai ainvité à la
soirée, que vue ma qualité de métresse de maizon
je me suis fait une obligacion de rendre aux
personnes, qui m'avaient engagé à aller chez
elles. — Quoique nous nous soyons parlé plus
d'une fois ; nous ne nous somes rien die qui
ait pu nous faire concerver le souvenire de
nous être vut. — Si Eve ne s'etait pas laissé
tronpé par le serpant, les hommes n'auraient
point pêchés : et la félissité, à laquelle Dieu
nous avaient destiné, n'eut pas été perdu pour
nous. — Il serait difficile de déterminé positi-
vemant les époques qu'ont le plus maleureu-
semant illustré les crimes des homes. —Toutes
les années, que ce Roi a régné sur son peuple,
ont été cignalé par les bienfais quil na cessé de
répandre sur ceux de ces sujais qui les ont re-

clamé ; aussi bien que sur ceux qui ce sont
résigné à les atandre.

LVI. *Un vieux Chinois idolâtre se fait chrétien,
pour ne pas entrer après sa mort dans le
corps d'un cheval.*

Les Bonzes étant les prêtres du Dieu *Fo*,
la métemsicose, autrement dit, transmigracion
des ames est lune des nombreuses erreures avec
quoi ils infestent lesprit crédulle et supersti-
cieux des Chinois. Nous siterons au sujet de
cela un trait conté par le Père Lecomte miscionère gésuitte. Se trouvant ètre dedans la
provinse de *Chen-Si* il fut un jour apelé à
batiser un malade, de soissante et dix années
d'age, lequel vielliard vivait avec une petite
pansion à lui acordée par lampreur, et les bonzes l'avaient assuré, que la reconessance lui
imposerait, dedans lautre monde, le pénible devoir de servire a lampreur, en portant les dé-
pèches de la Court dans les provinces, pour
quoi l'ame lui devait passer dedans le corps
dun cheval de postes. Ils lui recomendaient
fort cérieusemant quil ne bronche jamais, ni
ne morde, ni ne rue ; ni qu'il ne blesse persone que ce soit, léxortaient de courire légerremant, peu manger, suporter lépron pa-
tiamant, come étant autant de moyens pour
éxiter les dieux à la conpacion, ceux ci fai-

sant souvent qu'un bon cheval devienne un home
de qualités, et lélevant à la dignitée de manda-
rains. Ses idés aciégaient sans décesser le vielliard dans son imaginacion, le faisant tranblé
et lui troublant son someille chaques nuis. Il
se voïait en ses songes, qui était sèlé, bridé et
près de partire, au premié cou de fouet du pos-
tion. Lors de son réveille il était tout entièremant couvers par sa sucure et éperdu, nétant,
pas moins qu'insertain quoi il était, homme,
ou bien chevale. Come il avait entandu que
dans la religion du miscionère, vous nétiez pas
pour redoutter un sort si tellemant miséra-
ble et qu'au moins vous ne cessiez pas là de
conserver votre qualitée d'home, il souaita vivemant ètre reçu de cette religion là, d'où le
miscionère certifie quil mourut, étant très bon
crétien.

LVII. *Lettre d'un Conscrit à sa mère.*

Ma chaire et tandre mère,

Me vlà enfin arivés au regimant. Je yous
envoie cète lètre par la poste qui vous couttera
vingts sols de port, à ce que mas dis le serjant
qui est un païs ; moi et lui avons desja ren-
nouvlé la conèsance le ver à la mein, où ce quil
ma promis pour lors qui maprandrait la téoris
qui dit que japrandrez très fasilemant. Je co-

mance desja de faire passableman bien léxersisse du fusi et me tenire come il faut au port
darme. Javons ici de locupacion que de reste,
ni a pas le temps de bagnaudé tant seulemant
une minutte de temps. Auparavant que de
dejeuné le mattin, faut aller tout les joures
a léxersisse a partir de la semène passé, où
ce que vous y gagné de lapétit pour toute la
journé Si jétais que de mon colonel je voudrai
que le soldat ne parte pas à la maneuvre, devant que de sètre restoré come il faut, car il
ni a rien pour abîmer un home que de travayé auparavant que de rien prandre. Vous
vous raplez, ma mère de la bonne abitude
que défun mon père nous avaient donnés a
nous deux mon frère, de commenser la journé
par ofrir nos queurs a Dieu, et sitot après
manger une bonne asietée de souppe. En plasse
de sa, les ceux de nous qu'ont de largent de
quoi dépanser, ils prenions le matin le petit
ver à la cantiniaire comme dusage, mais les
ceux qui come moi nont pas de quoi, leurs
faut s'an pacer; et come dit cet autre leurs faut
faire de mauvèse fortune bon queur. Tout de
mème ma tendre mère, si vous étié assé bonne
que de manvoyer quelque sols par la poste que
vous auré soin dafranchir vous auriez bien de
la bonté de votre part; en atendant quoi vous
sorez que je suis bien portant et vous la sou-
hète de mème et a mon frère que jembrace et

vous aussi bien tendreman avec lequel jai lo-
neur de me dire,

Votre fils soumit et respectueus

Julien RIBARD

guernadié au 5ᵉ de lignes, 2ᵉ ba-
tayon 1ʳᵉ companie en garnizon
au Mans.

Po Scriptom. Je vous ecrirez le mois qui
vient, et vous recomande dafranchire les
votres.

LVIII. *Phrases détachées.*

En faisant ce mauvais coup, il s'est bien
donné garde qu'on le voye. — Vous recevrez
port franc les objets que je vous envoirai la
semaine qui vient. — Mon père connait et pré-
side à toutes mes actions. — J'ai beau m'échigner à travailler je ne suis pas mieux réconpancé. —Aussitot qu'il eût recouvert sa santé;
la premierre chose qu'il fît, fut de rendre grace
a Dieu pour un si grand bienfait. — Une loi
qui égalerait les fortunes, ne parviendrait pas
pour cela à égaliser les homes. — Il m'a donné
une calotte; mais je lui ai flanqué un cou
de pied. — Les anciens intérogeaient les fibres
encore palpitans des victimes quils imolaient.
— Cette phrase est surement ambigue, car je
n'en conprands rien. — Je voudrais pouvoir
vous conter les diverses circonstances de ce

fait : mais elles me sont échapés. — Il est tellement fort estravaguant quil en vient fatiguant.
— Avez vous convenus ensemble sur les con-
dicions de ce marcher? — Le prince de Join-
ville est passé par ici ce matin. — Je passe or-
dinairement six mois en ville, et six mois en
campagne. — Feue ma tante est expirée dans
nos bras, à deux heures au matin.—Cette petite
fille est un fort joli enfant. — J'ai l'épiderme
de ma main extrèmement épaisse, dans de certains endroits. — En me reportant les livres
que je vous avais préter, vous mavez evitée
la peine de vous les demander. — En m'envoyant chez ce malhonète d'homme, vous m'a-
vez fait essuier une rebiffade, dont je me rap-
pelerai durant que je vivrai. —Mon éléxir vous
guériras pour tous les maux. — Chargez moi
de vos afaires, je vous promets de leur doner
tous mes soins. — Si vous avancez un seul pas
c'en est fait de vous. — Le caractère des Français a beaucoup de raport au caractère des anciens athéniens. — L'odeur du souffre a em-
puanté toute cette chambre. — On fait or-
dinairement les enclumes de fer pour qu'elles
soient plus solides. — Au moment meme que
je le regardais qui nageait, il est disparu tout
dun coup sous les eaux. — La joie fait quelques
fois repandre d'avantage de pleures, que la tristesse verser de larmes.

*4

LIX. *Le Savetier juge et bourreau.*

Un savetier de Messine pauvre et vertueux était né ayant un amour estraordinaire pour l'ordre et pour la justisse. Avec ses disposicions il avait beaucoup de quoi soufrire dans son païs, où les lois y someyaient, et il gemiçait voyant les plus grans crimes ètre inpunits. Il voïait des asassins connus publicment comme l'étant, qui marchaient tête levé ; et qui bravaient les gens de biens. Etant témoin des monopolles ; des voles publiques enlevant à l'homme laborieu sa substance, et celle de ces enfant, des concussions de toutes espesses faisant couller des larmes amères aux yeux de ces concytoïens, ces attantats là qui avait milles fois persé son cueur lui faisait réver au moyen de leur remèdier. Quelle partie prit il, croyez-vous ? Il se mit en place de la justisse celleci étant inpuissante ; et il se résolu a punir les coupables et delivrer d'eux la sociétée. Dapprès ce dessin là il épit tout les délis ; écoute ensuite les raports ; éxamine scrupuleusemant les preuves. Lors quil était bien convincu sur le crime, alors il joignait l'ofisse d'éxécuteur, et celui de Raporteur et de Juge. Il s'était ageté à cette éfet, une de ses arc-buses courtes qui pouvait se porter et pouvait se cacher sous son manteau ; dès quil rancontrait en un endroit écarté un de ses malfaiteurs dont il avait fait le pros-

sès, notre ami de lordre leurs décharjait cinq
et six balles dans leurs corps. D'après cette
belle espédicion il passait son chemin, s'en jamais toucher le cadavre ; et retournait chez
soi avec la même satisfaxion d'un homme qui
eut tué un chien enragé.

L'on contait déjà à Messine sinquante de ses
meurtres lorsque, le Visse-roi après les recherches les plus immaginables desespera de ne
rien découvrire, promettant deux milles écus
à ceux qui pouraient donné des lumierres touchant l'auteur de ses asassinats : il fit sermant
en face l'autel quil pardonerait lauteur même
venant réveller ces crimes.

LX. *Suite.*

Le savetier crainiant que l'on arète quelques
uns en sa place ; fut demander une audiance
segrète : et lorsquils furent seuls, eux deux
le visse-roi, lui dit fierremant, « Ces moi qui
aie mis à morts ses sinquantes coquins, lesquels vous avez négligés de punir. Voilà les
prossès verbaus, qui constate leur crimes. Vous
licrez dans ses prossédures le journal de mes recherches, et quelle marche judissiaire jaie suivi,
à laquelle rien ny manque et vous aprouvrez,
à ce que je crois, chaque de mes sentances.
Vous êtes coupable sans doute, par votre indolance par votre molesse, et par votre inaxion, pour tous les maux que ses misérables ont

comis : certainement que vous méritez le même chatimant, doù j'étais tanté plus d'une fois dètre juste à légard de vous, mais j'aie respectez dans vous la personne du roi représenté par vous. Vous ètes maitre présentemant de ma vie et d'en disposer. »

La cronique ne dit pas si le visse-roi lui fit grasse par faveur pour sa sincérité; ce qui est sertain est que le savetier quelques bonnes que furent ses intentions, navait pas moins agit contrairemant au principe de la moralle, qui deffent que tout homme ce fasse justisse par lui même. En place de s'aller poster au coin des ruès, ni plus ni moins quun asassin; il devait ce rendre directement dans le palet du Visse-roi et pour lors lui esposer avec franchisse, et respèct, la position des choses; comme quoi les lois n'avaient pas de vigueur, que ceux qui devait ètre les premiers pour veiller sur linterret des cytoïens, laissaient comettre ou se livrait eux même à toute sortes d'éxês : quil était temps de mètre terme a tant de désordre et de ne pas plasser les abitans de Messine dans la dure nésessité de se voire obligé de supléer linaxion de la justisse en punissant par leurs mains propres les auteures de tant de forfeits. Des remontrances de telle nature, à ce qui est présumable, n'aurait pas laissé que de mouvoir le cœur coupable ou du moins timide du visse-roi ; et le déter-

miner à ce qu'il prit des mesures eficaces pour
empécher pour lavenir, que des semblables aten-
tats se renouvellent dans ses états.

LXI. *Phrases détachées* (Participes).

Vous ne sauriez vous faire un idée de la
foule d'atancions quil a eu pour moi. — Dites
leurs quils soient persuadé que la cause, qui
a nuis aux suxès de leur antreprise, ne doit
point ètre chercher dans des circonstances in-
dépendantes de leurs faits; mais seulemant dans
le trop de présomption, et d'inpudance, quils
ont montré, lorsquon les a intérogé sur les
conaiçances quils devaient avoir aquis. — Je
ne me montrerai pas indigne du reste damitiée,
que vous avez concervé pour moi. — J'ai dé-
jeuné du peu dasperges que javais mis de coté
hière au soir. — C'est votre père et non votre
mère que j'ai invité a venir visiter, avec moi,
la gallerie de tablaux quon a exposé au Louvre.
— Vous ètes celle que j'aie cru devoir préve-
nire la première du dangé, dont nous somes
menassé.—Quel home, ou plutot quelle femme,
aurait on angagé a ce soumètre à léxès du
miliacion que vous avez essuié ! —Quelque soit
le nonbre des persones que jaie obligé je
naí pas encore secourut toutes celles que jaurais voulu. — Vous ne conaissez pas le motife
qui nous a déterminé a abandoné la route, que
nous nous etions proposé de suivre, car autre-

mant vous aprouvriez la résolucion, que nous
avons cru devoir substitué a celle que nous
avions pris dabord. — Ces enfans ce sont laissé
glicer du haut en bas de ce mure ; et ils sont
arivé a terre, sans s'etre fait le moindre mal.
— Que dois je panser de lobstinacion, avec laquelle vous vous ètes tous deux refusé a suivre
les avis, que vous mavez antandu vous répété
tant de fois. — Nous nous somes mutuèle-
mant randus conte des somes, que nous ont
coutté les divers emplettes que nous avons fait
chacun en particullier. — Quels devoirs avez
vous fait pendant vos vacanses, en outre de
ceux que je vous aie donné a faire avant de
vous quitté. — Quant ils ce seront laissé tronpés plusieurs fois ils vèront que les gens quils
ont cru devoir honorés de leurs confiances,
difèrent en touts point de ceux que j'aie cru
dignes de la mienne.

LXII. *Histoire de Rosemonde.*

Alboin roi des Lombards c'étant randu a
Vérone pour cellébrer, par des fètes publiques
ses victoires, épousa (ayant tué de sa main
dans une battaille Cunimond roi des Gépides)
come trofée de sa victoire Rosemonde la fille
de celui-ci, avec laquelle il prit le royaume de
son père pour sa dotc. Cétait déjà assez revol-
tant de forser une fille d'accepter la main
teinte avec le sang de son père, mais voici

qui marque un estravaguanse ancore plus barbarre. Come si il avait voulu avoir éternèle-
mant, devant ses yeux, le souvenir de son trionfe
fe, ledit Alboin fit faire une couppe avec le
crasne du roi vaincu, dont il ce servit à boire
à la santé à son épouse à son jour de nôce.
Il voulut faire autant à Vérone et ne se tint
pas à cela, car sa ferocité naturèle lui étant
stimullé par le vin et lalégresse donée par la
victoire, le porta vers une action dépassant tout
ce qui se lit de plus abominable dans listoire
des plus sauvages nacions, car il forsa Rosemonde à ce quelle boive elle même dans la
coupe fatale. Rosemonde qui nétait ni plus ni
moins férosse qu'Alboin, jura quelle se vange-
rait par le sang de son mari de lafront cruelle
quelle venait davoir. Sétant ouverte a Almachilde qui était un des oficiés de la garde par-
ticullière du roi, il la conseilla pour quelle
en comette léxécucion a Peridée qui était un
home courageux et qui était capable pour en-
treprendre tout, lequel refusa primo dabord
à s'en chargé, mais grainiant la furcur de
Rosemonde (celle ci ne respirant que meurtre
et vanjance) finit par céder à cause de ses coupables instanses, et poiniarda le férosse Alboin.
Mais nous ne somes point ancore arivé jusques
aux bouts de ces vilaines horreurs.

LXIII. *Suite.*

Rosemonde épousa Almachilde lequel avait été principal instiguateur relativemant au crime comis en la persone d'Alboin. Lintention aux coupables avait été quils sempareraient du roiaume et se ceindraient de la courone d'Italie, mais pas de ça; la nacion des Lombards étant revolté par un tel exsès de célératesse; et ému par le respect quelle concervait à la memoire d'un roi l'ayant mené si souvant vers la victoire, ladite nacion s'étant soulevé demanda la vanjance du sang d'Alboin. Rosemonde et Almachilde s'enfuyèrent a Ravenne et Péridée aussi et tout le trésor des Lombards. Celle-ci à peine arrivée là, Longin charmé par sa beauté, et son courage, l'engaja a ce quelle se défasse d'Almachilde pour lépouser lui en troisième. Ce général que lampereur de l'Orient avait envoyé gouverner en Italie après la disgrasse de Narsès, esperrait devenire (par leffet de cette perfidie, et aidé du nom de Rosemonde), Roi des Lombards, et de toute l'Italie. Rosemonde ne recula point de faire ce nouveau crime, charmée come elle était de se marier avec un home représantant l'ampire, comandant une partie de l'Italie et pouvant laider pour quelle recouvrit le royaume de son premier mari. Au moment quelle était un jour pour sortir de dedans un bain, elle présante une couppe ampoizonée à Almachilde, come qui dirait quelle le fesait boire quelque agréable liqueur, celuici but éfectivemant, mais étant sur le momant de la vider, sétant apersu du dessin de sa femme, il sen saisit et la forsa avec le poiniard sur sa gorge, pour quelle boive le restant de la couppe fatale, dont ils moururent tous les deux, dans des afreux tourmans. Ainsi le poison justicia une femme laquelle, son premier mari étant fait mourir par le fer voulut pour épouser un troisième en anpoisoner le segond. La famille des Atrides nofre pas des traits plus révoltant, que ceux qui ont fait que la memoire de la famille d'Alboin soit si horible.

LXIV. *Phrases détachées.*

J'ai pu desirer que vous vous ocupiez de cète afaire : mais maintenant je ne le desire plus. — L'ofre que vous me faites est trop avantageux pour ne pas laxepter. — Vous parlez tout autremant que vous pensez. — Je crains que ce moulin ne moude pas très fin. — Une pincée de carmain sufit pour colorier une énorme quantitée d'eaux. —Tous les pintres se servent d'appuis-main. — Vous vous confiez trop à vos forces, donnez vous de garde quelles vous abandonent un jour.—Conseillez à mon frère; il ne peut pas rien faire sans votre avis. —

Nous comenserons demain la classe à midi précise, à moins que vous vouliez que ce soit à
midi et demi. — De laquelle espéce sont vos
portes-montres? Jen ai de toute sorte, choi-
sissez. — Nous avons été si chagrains de nous
quiter, que nous avons versés lun lautre des
pleures abondantes. — Je médite quelquefois
linconstance des choses humaines.—Faites moi
présant dune margote de vos œillets jaunes-se-
reins. — Vous mangerez à diné de la soûpe au
poturon. —J'ai apris que vous aviez mal parlé
de moi. — Si vos eau-de-vies sont bonnes
aportez en moi un couple de bouteille. — Est-
ce là les devoirs que je vous ai donné pour
faire? Oui c'est eux. — Mon père présidait au
tribunal civil de Rennes. — Si j'étais que de
vous, je ne men inquéterais pas guères. — La
science n'est rien, auprès de la vertu. —Jespère
bien que vous me regardez, depuis long tems,
come votre ami. — Mon jardin produit des ex-
cellentes légumes que je vous ferai gouter, quand
vous me viendrez voir. — Je n'ai pas encore
ateint à ma quinzième année: — Aimez-vous
les crabes? Oui, je les trouve fort bonnes. —
Je sais qu'il a demandé cette faveure, mais je
doute que l'on la lui accordera. — Je viens da-
cheter des pots de fleures, pour y mettre les
deux orangés que vous mavez fait cadeau. —
Etes vous la mére à ce méchant enfant? Non
je ne le suis pas ni ne voudrais le devenire,

à moins qu'il s'opéra dans lui, dans la suite, un heureux changement.

LXV. *Avis aux grands parleurs.*

Lart de parler est la conaissance que lon apprend en premier aux enfans ; avant que de les aprendre a parler il me samble (a mon avis) quil faudrait leur aprendre a se taire la langue. Cela serait sans contradicsion la plus excellante éducacion. Un jour, que lê sélèbre Antigonus était tout seul dans sa tante, acompagné de son fils qui lui demanda si il ne songeait pas de prescrire une nouvèle route a son armé, et changer de camp, « Et quoi mon fils ; « lui répondit Antigonus ; est ce que tu crainds « de n'ouïr pas le son de la trompète. » Le prudaut Antigonus fesant a son fils, le suxesseur à sa courone, segrets de ses progets; lui donait une très grande éxample sur la discrésion et la prudanse. Le brave Métellus (comme un des officiés prinsipaux dans son armé cherchait de pénétrer dans les segrets à son général) se conduisit a l'egard de celuici avec ègalemant de sajesse. « Si je pansais, dit Métellus que ma « tunicque sache la moindre petite chose de « se que je suis à méditer ; je la dépouyerais sur « linstant même et la jetterais dans le feu. »

Le général Eumène averti de ce que Cratère (qui était un celaibre guèrier et redouté) avansait avec un armé formidable dont il était à la tète ; ayant caché cète nouvèle , fit répandre en son camp que s'était Néoptolème qui était un guérier mal expérimenté , et généralement mal estimé , contre qui lon aurait à conbatre. Rassuré de cète nouvèle et remplis de beaucoup de confianse, les soldats d'Eumène aïant marchés aux combats , ils emportèrent sur Cratère une victoire éclattante ; celui-si vrèsemblablemant eut eu tous les avantages ; si larmé d'Eumène navait pas cru, que cétait contre Néoptolème et non pas contre lui Cratére , quelle combatait.

LXVI. *Suite.*

Cette éxample, et milles autres en plus grand nombre et ancor plus frappant , prouve le point jusqu'auquel la gloire des états dépand du silance ; ainsi que la sureté des peuples, et le suxès des évenèmants. Les réputations, fortunes et bonheurs des particulliers, dépandent aussi de lui presque toujour. On autand chaques jours des gens, qui se plègnent amerremant, a cause des perfidies des gens qui ont dévulgué des secrets conséquens , trahissant leurs confiances. Ses plaintes injustes sont inçensées ; car finallement vous qui ètes à vous plaindre au sujet de lindiscression de votre ami de quels droits lui repprochrez vous quil n'a pas pu se taire sur un segret, que vous mèmes vous navez pas eus assez suffisamant de forses pour le gar-

der. Si vous ne voulliez pas que se segret soit
dévlopé, pourquoi est ce que vous lavez con-
fiés ; si cet home que vous nomez du nom
de perfide indiscret, inprudant, n'as pas eué
d'avantage de forses que vous ; pourquoi est ce
que vous lacusez. Si il aime parlé tout comé
vous ; n'ait il pas naturelle (à seul fin de se satisfaire) quil vous traïsse, et quil vous perde.
A t'il d'avantage de discression, d'avantage de
forces et de prudanse, que vous navez eu, dans
se cas il nabuzera point de votre confianse et
vous aurez plus de bonheur que vous méritez :
car pour sûr, c'est ce qui s'apèle être heur-
reux, de trouver quelqu'un plus ataché que
nous à nous mème. Mais vous direz, il était le
plus ansien ; le plus chère, et le plus estimé
d'entre mes amis. Et pourquoi est ce, qu'a son
tour, lui naurait-il pas un ami, auquel il n'a
rien quil cache ; pourquoi est ce naurait il pas
pour cet ami la mème confianse, que celle que
vous avez eu pour lui. Vous lui dites vos segrets
quil va verser dans le sein à son ami ; qui en a
lui plusieurs autres ; ne faût t'il pas que votre
segret sircule dans tous ces amis ; et par conséquance quil deviène a être publique.

LXVII. *Suite.*

J'exorte le babiard désirant se coriger ; de
fuire par dessus toute chose les propos qui lui
plaisent d'avantage et les sujets dans lesquels

sa langue a accoutumé déxerser sa volubilité. Telles sont ses anciens troupiers qui recomansent sans cesser l'annuilleuse naracion des batailles, dans lesquelles ils ce sont trouvé, et celle des cièges quils ont soutenu, incipides héros de l'istoire militaire de toutes les campagnes qui leurs ont ranplis leurs vies. Telles ancore sont ses plèdeurs, qui perpettuellemant fatiguent par le ressit fastidieux de leurs prossès et celui de toutes les chiquanes, quils ont esuïé jusques passé léxécussion de l'araît quils ont obtenut. En deux mots tel sont tous ses bavars, préferrant sur tout parler sur leurs professions ou les sciances quils compte savoir les mieux. Ainsi celui qui a passé sa jeunesse en lisant, parle sans sesse faits historics, ou litératurès, le grammèrien sintaxe ; aoriste ; régle de grammère : le voïageur, nation étrangere ; avanture fabuleuse ; coutume bisare ; usage monstrueux. Voyez lun de ses babïars, entrant dans un assamblé, dans laquel ont ne l'atandait pas très sertainemant, voïez le qui se mèle dans lantretien et qui par des reflecsions les plus absurdes, par les plus mal adroites des transicions ; oblige, malgré eux, ceux quil interront de venir au sujet, duquel il veut absollumant dicerter, ou pour mieux dire rèpèter ce quil à dit hière ; ce quil disait d'ici il y a deux jours, ce quil dit toute sa vie. Quelcun repran-t-il, peu curieux de lantandre, la conversacion; linportun ne l'antand point et en parlant sur un ton plus haut, il le contrînt a se taire tout au moins jusquà tant quil aye achevés de conter ses contes annuïaus. Jai conu dans la Béotie un home avec ce caractaire là; ignare et grandemant parleur, il lui etait autres fois arivé de lire trois premiés livres de listoire d'Ephore; et dorénavant ne décessait pas de plasser a propos de botte, les faits contés en ses livres, ensorteque dans quelle qu'assamblé et quelle que circonstanse où il se trouvait; à tables; aux téatres, ou au bain; il fallait (malgré qu'on ne le veule pas) antaudre par sa bouche le réssit de la bataille à Leuctres et les tèribles suites qu'eurent ce combat.

LXVIII. *Phrases détachées* (Participes).

Les Goths victorrieux avaient suivit volontèrement le sistème, que les Cimbres vincus avaient étés forcez dadopté c'est a dire, quils c'étaient établi dans le païs, dont ils c'étaient randu mêtres. — Narsès par la sagèce de son admiistracion rémédia aux abus, que celle de Belisaire avait fais nêtre et tacha de consollé les Italiens des maux inouits quils avaient soufairt. — Cette mesure a contribué à prolongé l'état de dépopulacion, que tant de fléaus reuni avait produis. — Quelques soit les motifs, qui ayent influer sur la déterminacion quil a pris, et quelques soyent les conciderations que nous

lui ayons prèsanté, pour len détourné, il a été
sourt a tous les avits quon lui a donné, et a toutes les remontranses quon lui a fait. — Ils
ce sont déclaré les mêtres absolu de tous les
peuples quils ont 'amené a eux par la persua-
zion et de tous ceux, que par la forse ils ont
réuni à leur ampire. — Quelles brillans avantages ou plutot quelle existance pour toujours
heureuse, ne seraient pas résulté pour vous de
lunion que vous aviez progetté : et quels afreux
malheures ne vous seriez vous pas épargné, en
antrant dans une famille, dont le nom, et les
vertus vous étaient conu. — La lètre que nous
avons réssu aujourdui de ma mère, nous a causé
une paine dificile à décrir, nous nous etions
fais de si dousses iluzions sur létat de sa santé
que nous la croyons presqu'entiermant rétabli,
cette maleureuse lètre par la triste veritée
quelle nous a révélé, nous a porté le cou de la
mort. — Au momant où je passais hière dans
la rue que vous avez abité il ma tombé une
tuille sur la taite : et la douleure, quelle ma
fait éprouvé, a été telle que jai cru que jalais
tombé sans conessance. — Ils ne ce sont pas
laissé découragé par les difficultées quils ont
eu a vaincre et ils les ont surmonté avec la
même persévèrence, quils ont mis a aprofondire
les diverses siances quon leurs a enségné. —
Faut il que vous les ayiez laissé suconber sous
le pois de linfortune qu'ils ont cherchés à éloi-

gné par touls les sacrifisses quils ont pu faire :
si vous les aviez sécouru a tems ils ne se seraient pas vu tombé dans la plus cruèle misaire.

LXIX. *Traits de la vie d'Alexandre, empe-*
reur de Russie.

Chez de sertains homes rien ne se resemble
moins avecque leurs jeunnesse, que leurs age
mur ; celle d'Alexandre fut remarqué par des
gouts simples. Cependant dans les premieres
anées du comancemant de son raigne il éprouvait le besouin du délassemant dans la grandeure et des distraxions dans la société ; aimait
beaucoup le téatre Français, et nos acteurs mèmes ; traitait ceuxci avec bienveillance, dont ils
abusèrent quelques fois par une familliaritée
d'un movais gout, dont un monarque moins bon
et indulgeant quil ne létait ce serait choqué.
Un jour rancontrant un de ses messieurs et lui
demandant des nouvelles sur sa femme, il répondit, «Elle, Sire, est très bien portante, et
« coment la votre va t'elle.» Auparavant cet époque, il y avait au téatre Français de St Petersbourg Froger, très excèlant comicque lequel
était ami avec Molé, Fleuri et Dugazon, et lequel avait ni plus ni moins desprit quil falait
pour divertire l'ampereur, ne violant pas la bien-
céance. Celuici qui le rancontra au jardin d'Été
lui dit avec gracieuseté, «Et bien Froger,

« qu'est ce donc devenez vous, l'on ne vous voit
« plus du tout. Vous me négligé beaucoup : ce
« qui nest pas aimable. » Celuici témoignant
respectueusemant sa reconaissanse, l'ampereur
séloigna disant, « Allons c'est bien : mais ve-
» nez moi voire. » Le comicque laissa faire à
sa Majestée quélsque pas, puis ensuite, courant après lui sécria, « Sire ; pardon, faite
« moi lamitié de me dire où c'est que vous res-
« tez maintenant. » Cète sailli amusa beaucoup
fort Alexandre qui l'été chanjait souvent sa re-
sidance.

Le susdit Froger se plégnait un jour vis à
vis lampereur, sur le mauvais état finansier de
la troupe comicque. Alexandre lui dit, « Mais
« mon chère Froger vos honorères courent
« toujours. — Sire, oui, ils courent, tant et
« si bien quil nous est impossible de pouvoir y
« ateindre, » replica Froger. Alexandre se prit
de rire, ce qui était repondre quil ferait droit
sur la requette, en effet l'on païa le landemin
l'ariérer.

LXX. *Suite.*

Celui ci, lors du voiage dont sa santé fut
altéré eprouva, arivant en une ville dans la
Petite-Russie le besoin de se délacer (par le
moyen de la marche) d'un long sejournemant
en voitures. Sans suite il sortit seul revétu avec
une redingotte de militère sans aucunes mar-

ques distainctives. Au tournant dune rue voyant un home, avec une capote, sur la porte dune mèson, lequel fumait son sigare, il aprocha auprès de lui pour en prandre quelsque ranseignemans, à quoi l'oficié ayant repondu avec assez de la mauvaise grasse, l'ampereur lui ajouta cette question, « Permètez moi que je vous demande de quelle grade militère vous ètes. —Ma fine, dévinez. — Il se peut ètre que Monsieur est un lieutenant. — Montez plus loin. — Un capitaine. — Montez : montez. — Un major. —Allez ; allez.—Et bien ; un cheffe de batayons. — Ha, vous voila enfin, ce qui n'est pas sans peines. (Ses réponses se faisaient avecque un ton de sufizance, et elles étaient assaisoné avec de la fumé.) — Ah présant s'est a mon tour ; monsieur le voïageur, à ce que dit loficié ; vous mèmes de quels rang ètes vous dans le militeire. — Mais, devinez. — Ho, du premié cou, vous ètes un capitène. — Je vous prie ; montez plus loin. — Un Major. — Vous ni ètes point. — Un cheffe de batayons. — Un petit peu plus loin. —Un colonelle. — Encor. (Quand il eut dit ce mot loficié cessa de fumé). — Un Generale - majore. — Alez ; Monsieur. (Loficié se dresse et il prand une atitude en respect.)—Votre excellance donc est un lieutenant générale. —Vous raprochez. — Dans ce cas là jai le plaisir de salué son haltesse cérénicime le felde maréchale..... — Par grasse ;

Monsieur le cheffe de batayons : encor un leger éfort. — Ha, Sire : crie loficié avec la voie ému ; milles fois pardons : je pouvais-t-il croire que l'ampereur.... — Vous ne mavez pas ofansé, et je me ferai un grand plésir en vous oblijant, pour vous le prouver, si peu que vous sulicitiez quelques grasses. »

LXXI. *Phrases détachées.*

Sans avoir beaucoup de corporance, vous ètes bien proportioné dans votre taille. — Votre frère est très matinal, il est toujours levé auparavant qu'il ne fasse jour. — Je vois avec plaisir que vous ètes gué et bien portant. — Vous avez été fort malcomplaisant vis a vis moi péndant la semaine de temps que jai passé chez vous. — Des pareils traitements ne sauraient etre long-tems souffrables. — Lorsque jai apris que l. feu était après cette maison, j'y suis couru a toute hate pour porter du secours ; mais malheureusement nous avons eu bien du mal a éteindre cette affreuse incendie. — Je vous remercie pour tous les jolis présans que vous mavez fait. — Les midi avaient sonné deux minutes de temps auparavant que vous n'arriviez. — — Vos dispositions sont fort bien prises, je vous engage de ne leur rien changer. — Ces deux platebandes forment deux losanges, qui placés vis a vis lun l'autre, produisent un charmant effet. — Quant ces fraises seront mures, nous les cueillirons. — Les deux adversaires se regardèrent longtems les uns et les autres, et se mesurèrent en silance avec les yeux.—Depuis le comansemant qu'il est malade, il na pas pris une cuillier de bouillon. — Le mauvais temps a été cause de ce que la fète, qui devait avoir lieu demain soir ait été décomandée : je me faisais davance un plaisir d'y voir la lanterne-magie. — Avec quoi avez vous dejeuné à ce matin? Avec du caffé au lait.—Nous somes séparés l'un et lautre par une intervalle de trois lieus et demi. — Tel chemin que vous prendrez, vous ariverez toujours au mème point. — Vous placerez un vesicatoir soupoudré avec de la mouche cantaride, entre ses deux épaules. — Ma tache est déjà plus qu'à demie terminée. — Lotopsie du cadavre a présanté deux principales indisses de mort violante. — Lorsque je saigne au nez c'est signe de ce que je suis bien portant. — Les remèdes quelle a prise ne lui ont autant dire servi de rien.—Nous somes réduit aux conjonctures les plus vagues sur le genre et sur lépoque de sa mort. — Mon frère ocupe à la cour un poste imminent. — Je défends quon ne viène me troubler, ni quon fasse de bruit dans la chambre voisine. — Ce jeune homme est un fou, un véritable hustuberlu.

LXXII. *Génes se délivre du joug des Autrichiens en* 1746.

Les Autrichiens qui avec pas une seule pièce de siaige sétaient anparé d'une ville abondamant pourvue de pièces de siaige, anlevaient des canons, les destinant pour leur expédicion de Provence. Ils forçaient, dans le transpor desdits çanons, les Génois à les aider, lesquels fremissaient par rage de voir cette nouvelle oprobre de leure patrie. Un capitaine Autrichien frapa lun de ces ouvriés au momant quil fesait antandre quelque murmure, lequel répont par un cou de couteau anfousé à lautre. Tous ces conpagnons vièment lui aider. Les soldas Autrichiens acablée par une pluis de pières se sauvent dedans leurs cazernes. Le cri *aux armes* raisone de toute part; le peuple satroupant, les moines sont en tète. L'arcenale étant investit, on égorge les soldats qui y gardent, on les dissémine. Dix milles homes se sont déja couvers avec les armes quils ont conquis, les femmes, les enfans et les vieux baricadent partout. Tout c'est fait par le moyen du peuple; le séna n'ayant pas pris aucunes parts dans ce mouvemant, craint tout-de-mème den porter la punicion tout seul. Les Autrichiens font une extraime pusilanimitée suxéder a leurs violances, n'osaut plus s'avansser parmi un peuple furibond. Cet état de guerres dure dans l'ansinte de Gènes plusieures joures. Les nobles ce rendent mediateures entre les étrangers lesquels oppressent leur patrie , et celle ci. Le doge intersède dun coté pour les insurectionés, et de lautre coté il les échauffe. Enfin un individu qui a un nom qui est le plus cher de tous aux Génois , lequel individu se nome Doria , directionne la multitude dans ses mouvemans, et fait une armée de celle ci. Voilà un beau joure les Autrichiens qui sont assez osés que de sortir dehors de la sitadel , se portant sur l'arcenale ; afrontés, cernés, d'en haut des toits des fammes leurs font pleuvoire tout ce que leurs fureurs les font rencontrer , quatre milles Autrichiens perissent dedans la mélée. Voilà Gènes qui est délivré.

LXXIII. *Suite.*

Le courage dune ville où les plus beaux des jours des anciènes républiques venaient dètre rapelés , fut admiré en France comme les axions génereuses l'y sont toujours. Le gouvernemant qui eut honte parcequil avait abandoné une alliée si précieuse , envoya avec des secours de toutes les espesses aux Génois un corps de six milles homes lesquels étaient comandés par le duc de Boufflers noble et sage guèrier, digne de son père.

Le duc de Boufflers arive au moment que le parti vainqueure faisait ceux qui lavaient faiblemant segondé expier la victoire. Il réléve une aristocrassie timide ; contient une multitude furieuse annivrée par ces suxès ; parvient de faire un seul corps avec les deux faxions qui se sont conbatu. Ceux qui veullent prolongé plus longtems lanarchie sont victimés quelqu'ait été leurs servisse.

Les Autrichiens chassés dehors de Gènes blokaient encore cèle ville, ils ocupaient tout son téritoire. Le duc de Boufflers en tète dune armée que grossissaient et qu'enflamaient des moines et des fammes qui, pour cela, n'y portaient pas des désordres parvint de faire les Autrichiens lever le blocusse. Il poursuivit ceux ci dedans un téritoire stéril où l'hivère leurs acroissait tous les janres de misaires. Deja il avait réconquéri de recheffe plusieurs postés conséquens. Les Autrichiens comansaient dètre arèté par des puissans obstacles à faire leur invasion de la Provence. Il ne fut pas donné que le duc de Boufflers puisse jouire de la gloire s'attachant a la libéracion de Gènes. Car il mourut dedans cette ville a l'age de quarante-un an, par la petite verolle. Le duc de Richelieu son ranplaçant vint recueuillire sans se doner du mal le fruit de la sagesse et celui du courage de celui qui fut son prédésesseur. Gènes le proclama come étant son libérateure, et elle fit oublier le duc de Boufflers à la France et l'Europe, les tronpant lune et lautre par

les temoignages éxagérés de sa reconaissanse
pour lautre individu ; quoique cela , l'istoire
rappelle le duc de Boufflers.

LXXIV. *Phrases détachées* (Participes).

Nous trouvons ici les mèmes avantages et les
mèmes dificultées que nous avons remarqué
ailleur. — Nous nous voyons contraint de regrèter que les changemans, qui ce sont oper-
rés pas vos soins, nayent pas duré plus long-
tems. — Plain du ressantimant des outrajes
quil a ressu il ne songe quà les vangé dans le
sang de ceux de la part de qui il les a eprouvé.
—Toutes les solissitacions, que nous leurs avons
adressé , ne les ont point dessidé a nous raudre
la réponce que nous leurs avons demandé , et
cest envin que nous les avons prié de nous
ecrire, dès qu'on la leur aurait transmis; il nous
ont ainsi oté toute espoire. — Les Grecs trou-
blêrent dans les pocessions dont elles sétaient
amparé les familles des Goths , qui déja éta-
blies , auraient finit si on les eut laissé vivre
en paix, par repeuplé l'Italie et par retrampé le
caractaire dégénèré des Italiens. — Les richè-
ces quils ont recherché avec tant dardeurs et
quils ont concideré come une chose essancielle
a leurs bonheurs , ne leurs ont procuré ni les
plésirs du cœur quils ont dédègné pour elles ,
ni la pozicion sauciale quils avaient espèrés
daquerir quant ils seraient devenu riches. —

*5

Quelques auteures ont atribuer le sort de Boëtius
et de Symmacus son beau père personages re-
marcables par leurs vertues et par leurs savoirs,
à la hêne que Théodoric avait consu contre la
religion catolique, mais il est certain qu'ils ont
été condanné come acusez davoir conspirer
contre la vie du roi et que la religion nest
entré pour rien dans les raisons qui les ont
fais condanné. — Pourquoi lorsque vous nous
avez instruit de cet évenemant ne nous avez
vous pas revêlé, en même tems, toutes les
sirconstanses qui lont présédé, et qui ce sont
opozé à ce quil obtint toute la publicitée que
nous avions espéré. — Vous savez qu'elle longue maladie elle a eu a soufrir, toutefoi la gué-
rizon n'en a été retardé, que par le peu de
ménagemans quelle a observé et par le peu de
ponctuallitée quelle a mis a éxecuté les ordres
que lui avaient donné son médecin.—Nous nous
somes bien trónpé lorsque nous nous somes
imaginné que vous pocédiez tous les talans que
vous nous avez dis.

LXXV. *Eponine et Sabinus.*

On ne peut reproché a la memoir de Vespasien que son trop de rigueure dans une con-
danassion ; car Julius Sabinus, lequel avait
prit le 'nom de César ; étant poursuivis après
être défait ; prit conger de ses amis et ran-
voyant'ses esclaves mit sa maison en feu, dans

laquelle maison on le crut péri et il ce 1etira
(suivi par deux afranchis et conessant leurs
fidélités) au fin fonds dune cavairne. Eponine
qui était sa famme que sa piétée conjugalle
imortaliza, sétant livré aux plus violans de-
sespoires fit croire encore plus sertainemant
par les éclas de sa douleure, que son homme
nétait plus éxistant doù celleci voulait renonser a vivre, cela nétant plus pour elle quun
fardaux. Après peu de jours Sabinus linforma
segrettemant quel était son lieu de retrête.
Ladite gauloise courageuse concervant ancor
son aparanse de chagrin come pouvant écarté
tous soupson, elle partaja avec son home la
captivitée volontaire de celuici ; elle c'éloignia
petit à petit d'aller dans le monde, et finalemant s'anterra pendant plusieures anées avec
lobjet qui lui seul lui donait du prix a la vie.
Aux fonds de cète grote obscure et nayant pas
de secourts elle y fit naitre deux enfans, mais
voila que la famille infortuné (lazile en étant
découvert, soit par trahizon ou inprudance)
fut menée par devant Vespasien qui a la vue
de ceuxci, sétant mis a versé des larmes était
pret a ceder en raison des nobles et touchantes
prierres d'Eponine, mais voila que les mœurs
de ce siaicle là, ainsi que la politique de ce
tems là, et puis les alarmes quavait le sénat,
et aussi les conseilles de Mucien firent quil
sacrifia la pitié quil avait, pour la raizon dé-

tat; tant et si bien quil envoya supplissier ces
ilustres proscrits, aux anfans de qui seulemant
il fit grasse. Eponine reprit à ètre fierre quant
elle perdis lespoire, car elle dit ceci, « Vespasien : aprans que de ranplir mes devoires et
prolonger les jours de ta victimme, jai gouté
plusieurs anées (dans les obscuritées dune cavairne) un bonheure dont léclas du throne ne
te fera jamais faire la conaissance. » La gloire
ayant aconpagné celle ci sur son échafaux, la
honte et le remort resta tenir conpagnie a lan,-
percur en son paleis.

LXXVI. *Des jugemens par combats singuliers.*

Les Lombards avaient portée de la Germa-
nie une opinion supersticieuse : à savoir, que
le bon Dieu dans les combas singuliés, par
la victoire ou la défète des parties, manifestait
duquel coté étaient la raison ou le tort. Cest
pour cela que lorsque l'ón ne pouvait pas dans
une contestacion voir clairement et du premier coup le coté duquel le droit était, on venait, ou soi même ou par le moïen d'un chan-
pion, à ces conbats singuliés dont le résultat
décidait de la question, regardant ce résultat
come la santance du tribunal, ou la volontée de
Dieu, pour mieux dire. Cet étrange abut fut
porté très loin de telle manière que l'on ter-
minait de cette manierre davantage de procès

que par voies de cermant. Les Rois sçavaient
très bien, que par ce moyen souvent les inocens
étaient déclaré come etant coupables, et que
les coupables étaient déclaré être inocens, mais
lesdits rois dûrent céder devant une abitude
fortemant anrassinée et n'oserent pas l'ataquer
jamais malgré quils ne ce dicimulaient pas en
quoi elle était injuste et barbarre. Ces duelles
étaient aussi devenu un spectacle favori à la
nation, come les gladiateures chez les Romains; pourtant avec cette différance, savoir:
quils ce terminaient rarement par les morts de
ceux qui étaient les combattans. La victoire
d'un gladiateure nétait pas complette son adversaire nayant pas cessé de vivre, tandis-qu'un
champion qui avait vaincu son énemi (sans avoir
tué celui-ci) suivant de certaines formes, qui
étaient établi pour ces sortes de combats, était
déclaré come étant vinqueur. A Rome et en
Lombardie, c'était des homes qui se donaient
ainsi, pour lamusemant du publique, en spectacles, c'est des coqs en Angleterre, en Espagne c'est des toraux, le principe est partout le mème, savoir : le plaisir que l'home
a à voir à lépreuve le courage, et un événe-
mant en suspans. Mais les Lombards ajouttèrent
avec un amusement quil se pouvait faire qui
était inoçant, une grande sotise, vu quils firent
de ça un jugemant; c'est come qui dirait que
le droit ainsi que la justisse pouvait se varier

aux grés de la forse ou de l'adresse qu'a un individut.

LXXVII. *Phrases détachées*

Je suis passé hier soir chez le colonèle mais je lai trouvé sorti. — Rentrons : car il comanse à brouillasser. — De ce que je vous aie déja pardoné pour un grand nonbre de fautes, vous ne devez pas en conclure que je suis disposé de vous les pardoner toutes. — Beaucoup prétandent avec tort qu'aimer sans espoir de lètre, est préférable à vivre dans lindiféranse. — Lusaje du tabac est très universèlemant repandu. — Quoique notre siècle est géneralemant observateur ; il y a des choses sur quoi il na point encore porté ses investigacions. — Je vous ai répèté et vous répetrai sans décesser qu'auparavant que de se lier à quelqu'un il ne faut pas nous contanter avec des légerres informacions. — L'anée passée le tonère est tombé sur plusieurs édifisses publiques. — Sous trois jours, vous receverez des nouvelles de moi. — J'ai eu si peur dètre arété que je m'en suis enfui a perte haleine. — La cacafonie est un arangement de sons dèsagréables pour loreille. — Voyez la page six cents ; vous trouverrez dedans ce que vous cherchez. — Jai partagé tout mon bien à mes enfans ; et ne me suis rien reservé de lui. — Si j'en conais pas un je veux être étranglé (*Racine*). — Aurais-je par hazard oublié à faire la comission que vous mavez chargé ? Oui : mais cela ne fait de rien. — Les gens de canpagnes trouvent qu'une bonne platrée de pomme de terres substante beaucoup davantage qu'une petite fricassée de poullets. — Voila un enfant qui ne décesse pas de me tourmanter. — On dit assez comunément aux persones qui oublient à fermer les portes quelles ne sont point allé à Paris. — Mettez vous de suite au travail. Mais songez donc que j'ai déjà travaillé cinq heures tout de suite. Ça ne fait de rien : vous ne paraissez pas fatiguer. — Il n'y a personne, si peu versée dans la pratique judicieuse, qui ne sache pas ce que c'est quune acignation. — Ce vielliard est si bon que ses parens, ses amis, chacun en un mot l'aiment et l'estiment. — Vous ètes trop entiché de votre noblesse. — Il faut ètre bien déhonté, pour oser faire une telle proposition. — J'ai mis une ambe à la loterie. — La réponse que vous a fait le ministre me parait, à mon avis, d'une augure favorable. — Je viens, me baissant, de me déchirer mes pantalons.

LXXVIII. *Preuves de l'immortalité de l'âme.*

Supposé que lé tonbau est la porte du néan, que devient, ô homme bon, la confiause ainsi que la joie ! Que sert-il que tu veille toujours et que tu monte une garde cévère à lentour de ton cœur iréprochable ! Tu est sage , tu crois.... Pas du tout tu nest ni plus ni moins quun imbécile qui te fatigues a combattre des phantomes. Les ames devant mourire, vertu , sagèce, véritée, vous étes seulement des iluzions. Quest ce que nous avons affaire de vertus si celle ci est sans reconpanses , et ne sert seulemant ici bas, que pour nous vexer. Si en effet lâme est pour périre qu'est ce qui sera le veritable intérret pour l'home ! Ne sera t'il pas alors que celui ci s'acroche a tout ce qui peut faire quil soit heureux en la vie. Quelques fois , le visse peut ce représanter ayant des charmes devant les yeux de la fèblesse humaine , tandisque la vertu ne ce représante quen images austaires, mais le sage ne saurait pas se méprendre sur cela.

Où est ce que vous allez, citoyen témerraire. — Je vas deffandre la patrie , et puis mourire glorieusemant pour celle ci. — Ça va , si vous vous croyez être imortel , vous pouvez pour lors être brave ne cessant pas dètre résonable, et afronter la mort que vous savez ne pas pouvoir vous détruir. Mais si vous perdez tout avec la mort j'ai en pitié votre courrage, revenez-moi vivre dans la molaisse si peu que vous ne vouliez pas mourire en imbécille. Un hardi incrédulle , entrainé par lorgueil, léxample , lamour de gagner , ou le desire de vanjance, qui court imoler sa vie ou bien se détruir par cause de féblesse, extravague davantage que tous les autres foux extravaguans. Malheureux‿ qui es victime dune brillante chimaire, laisse abimer ta patrie et saisis-moi pour toi une planche pour te sauver hors du naufrage. — Ma patrie, mon roi m'ordone que je meure. — Et à quoi timporte ta patrie et tes roix si il est vrai de dire que toutes tes esperrances finiront en même tems comme ta vie. Songe a concerver un bien dont (à t'entendre) la perte ne peut pas se réparer par rien du tout.

LXXIX. *Suite.*

Supposé que le berger conduise ses troupaux dans une pature grasse, il ne les entandra jamais se plégnant, ils paissent dans la satisfaction ; la paix dont ceux ci jouissent est refusée pour leurs maitres. Un mécontantement éternelle poursuit et fait le tourmant de l'home. Le monarque et le bergé se plaint également sur son sort et les soupires se répondent, depuis le throne jusques à la chomierre. Cependant de quelle intervale immanse leurs destinées sont séparé. L'un de ceuxci enferme des mers avec son anpire, lautre ne posséde rien dedans lunivers, sinon une cabanne en argyle et en chôme qui a été bati a la hate sur un terrin qui était abandoné. Est ce que je croirrai que l'éternel a été plus libéralle avec les troupaux quavec moi. Non, ce mécontantemant

me troublant le cœur nest ni plus ni moins
que le· santimant de ce que je suis imortel.
Cest le cri que pousse ma conciertce qui apèle
lobget qui me manque à mon bonheure. Voici
ce qui est arêté, savoir, que l'home tourmanté
avec sa grandeure soupirera également dessus
le thronc come dessous le chôme. Ces dégous
lui rèvellent quil est noble et puis ensuite sa
misaire lui crie quil n'est né quafin dètre heureu. Ici nous ne somes point dedans notre patrie, cest une teire etrangère où en passant
nous ressevons un alimant, qui ne peut pas
nous rassasié sufisament. Nous avons beaux
nous multiplié les jouissences, et tout de mème
nous restons ayant faim au milieux de cet abon-
danse qui est stérille et les plus grans plésirs
nous laissent toujour avec·des desirs.

LXXX. *Phrases détachées* (Participes).

Quelque soit l'heure que nous avons entendu
sonner; il faut que nous vous prions de nous
laissé partire. — Les postillons c'était laissé
gagner par lappas dune some, quon leurs avait
offert. — Toutes les persones que nous avons intérogé, nous ont assuré, que la chose c'est passé
come vous nous lavez raconter. — Des quatre
vingts mille homes dont cète armé était cou-
posé, douze milles ont été taillé en pièce par
nos troupes; huit milles ce sont randu a discression : et, ceux que nos armes ont épargné

ce sont anfui dans les montagnes, et lénergie qui leurs avait manqué pour combattre ils lont trouvé pour fuire avec une promtitude telle, que malgré les éforts incroïables que nous avons fait, les notres se sont vu obligé de renoncé à les poursuivre. — Quelle que dificulté que nous aïons eu a nous faire restituer. les quatre-vingt francs que nous lui avions prèter, nous avons finit par en ètre payé. — Cette persone que vous avez laissé ce morfondre a la porte, est présizémant celle que vous maviez temoigné le désir de voire, aussiteau quelle serait revenu de la canpagne ou elle était alé pacer la belle saizon. — Ils ce sont laissé soupsonés dun crim-me, quils ne ce sont jamais propozé de comet-tre. — Lopinion que nous avions prévu que vous anbraceriez, nest pas celle que vous avez ambracé, pourquoi ne pas nous avoir davanse déclarer franchemant votre fasson de pensé, ou ne pas nous avoir toujours laissé dans une erreure, dont nous nous ètions flatté que vous ne cherchriez jamais à nous tiré. — Elle c'est atribué la gloire dune axion quelle na point fait, et ne c'est pas refusé a axepter le tribut déloge et de félisitassion quon lui a déserné. — Les deux freres ce sont ambracé, ce sont serré dans les bras l'un de lautre et ne ce sont quitté qu'après c'ètre de nouvau cerré la main, et c'ètre solanelment engagé à vivre dèsormais dans une amitié plus etroite que celle quils

c'étaient temoinié jusqualors. — Il samble que
Dieu nous est fait lun pour lautre, car les longues anées que nous avons vécu ensanble, n'ont
été troublé par aucunes querèles, au reste nous
nous somes facilemant appersu de la sinpatie qui
éxistait entre nous, car nous nous somes convenu dès le premier jour que nous nous somes vu.

LXXXI. *Cruauté de Cambyse, roi de Perse.*

Cambyse envieux à cause des grandes qualités de son frère Smerdis, et de lafection que
lon lui portait; le ranvoïa dans Babylone; mais
après quelques temps ayant révé que celuici
progetait pour le ranversé de dessus le trone il
charja un nommé Préxape, Perse, de le tué.
Criminel en panchant tout come en hène, il s'an-
flama de sa seur Méroé; et consulta les juges,
savoir si il pourait la prendre come femme
ainsi que permétait le culte des majes. Ses viles
flateurs lui répondire que, aucunes loix du
roïaume ne le permétaient pas; mais quil y
avait une d'elles qui existait, et au moïen de la
quelle les rois de Perse avaient droit pour faire
toutes leurs volontées. Il s'épouzèrent donc
eux deux Méroé, de qui il dona le nom a une
ile se trouvant dans le Nil près les frontierres
de l'Ethiopie.

Un jour Cambyse, assistant à voir un combat,
dans lequel un lion se battait avec un chien,

le frère à ce chien lui vint à son secours et le randit vainqueur sur son terrible adversère. Méroé a ce spectacle versa des larmes et elle avoua come quoi la vayance de ce chien l'avait faite se rapeler de la mémoire de son frère Smerdis. Cambyse en se trouvant insulté d'un souvenir lui retrassant un crime, la frapa tellement brutalement quelle mourut apres peu de jours.

Son favoris Préxape atribuant sa violanse a ce quil était dans l'ivresse. lui dit hardiement que les Perses trouvaient à redire et méprisaient son funeste panchant au vin. « Vous allez juger, replica le roi, vous même s'il est « vrai de dire que le vin fait que je perds ma « raison. » Pour lors il vuida le fonds de plusieurs coupes; et ayant ordoné que le fils de Préxape se tiène debout à léxtrémité du salon; se saisitde son arque; et déclara quil visait son cœur, qu'il persa en éfet avec un coup de flàiche. Puis ensuite en ce tournant vers le père malheureux il lui dit cela : « Est-ce que vous trou- « vez que l'ivresse empeche que je n'aie ma « main ferme et mon cou dœil sur ! » Si quoique ce soit surpasse la noirseur dun crime pareil c'est la bacesse de Préxape, car celui-si repondit : « Seigneur; Apollon même ne tirrait « pas plus juste que ça. » Témoin duquel forfait Crésus laissa son indignassion s'éclater. Cambyse ayant ordoné sa mort, come on avait

tardé d'éxécuter cette ordre il le révoca ; mais
il fit perir les non-obéjssans.

LXXXII. *Un insolent châtié par une femme d'esprit.*

On ne doit jamais mal parler sur qui que se
soit derière eux parce quil vous arive souvant
que vous vous.adrècez a des persones a qui rien
nest plus pressé que de leur aller reporter les
propos que vous avez tenu sur leur conte, mais
quelleque reprimandable que soit dètre médi-
sant des gens qui sont absants , nous ne somes
pas moins reprimandables quant nous fesons
devant les présans des remarques qui peuvent
leurs ètre désagréables ; mème les ferait on a
voix basse ou bien en une langue que lon pense
qui leurs est étrangerre.

Madame de Permon la mère à la duchèce
d'Abrantès , devant diner un jour chez M. de
Talleÿrand lequel alors était ministre sous le
directoir, un retard du coifeur, un anbaras
de voiture la firent n'ariver seulement quune
heure après que tout le monde létait ; les convives morts de fain fixaient tristemant la pandule ; à lantrée de cète dame au salon elle an-
tandit quun homme plassé près la porte disait
come ça dans la langue grèque. a son voisin ,
« Ma foi lorsqu'une fame nest pas jeune et nest
pas belle elle ne devrait point faire .atandre
après elle. » Madame de Permon ce retourne

et elle répond avec la même langue, « Quand on est assez malheureux que de diner en compagnie avec des homes mal pollis, toujours nous arivons trop tot. » Ladite dame était de Grèce et (en outre de cela) de la famille aux *Comnène*. On sant aisémant quel grande dut être la confusion à ceux qui c'était permis une remarque tellement mal plassée ; et il est sûr et certain que si madame de Permon afin de vanger une injure ordinairemant si tellemant sansible pour une femme quelconque, avait crue devoir dénonser ses auteurs vis a vis le maitre de la maison, lesdits auteurs se fussent esposés de resevoir un autre afront qui leurs eusse été plus umiliant encor peut-ètre que la réponce dune femme desprit.

LXXXII. *Phrases détachées.*

Vous aurez rampli le but que vous vous avez proposé quand vous parviendrai à m'aprendre en m'amusant. — Vous ètes bien long-tems pour faire un devoir, qui ne demande seulement qu'une heure de temps de travail. — J'ai mangé a diné des tendons de veaux délicieux. — Il ne s'en faut pas beaucoup que vous n'ateignez cette poutre avec votre main. — Les casteroles en cuivre présentent des graves inconvéniens, lorsque l'on n'a pas le soin de les faire rétamer fréquamant. — Par son courage et par son énergie, il a trionfé de touts les obstacles. — C'est bien de lui, dont j'ai tant entendu parler. — Craignez d'acquiérir dans le monde, une mauvaise réputacion. — Il me tarde bien à savoir, si jaurai des prix au grand concours. — J'aime la franchise et ne puis soufrir la dicimulassion. — Nous devons plaindre, et avoir compassion des imbésilles, plutot que nous en moquer. — J'ai apris ce matin que votre voisin était mort avec une fièvre célébrale. — Sont ce vous et votre ami qui ont redigé cette demande? Non, ce sont moi et mon frère. — Chaque de vous, Messieurs, me repondent de la vie de cet home. — Il faut avouer que vous avez fait là de la bien mauvaise ouvrage. — Coment fait au plurier le substantif *ail* ? Il fait *ails*, come *émail* fait *émails*. Cependant je croyais que l'on disait des *épouvantaux*, comme on dit des *évantaux*. Vous n'aviez pas tort, c'est la une des nombreuses anomalis de la langue Française. — Depuis il y a deux mois ma pauvre mère est perçlue de tous ses mambres. — Avez-vous un bon chirugien. — Il n'est pas de sacrifisse, que je ne serais disposé de faire si il dependait de moi de vous rendre la santé. — Quoi que vous fussiez plus agé que moi, l'on vous croirait être le plus jeune de nous deux. — J'ignorais que vous étiez venu hier dans lintention de me voir. — Si on se met en ménage, c'est pour vivre uni et non pour querèler continuèlement. — Faites aten-

tion de né vous pas aprocher par trop au bord
de la riviere , vous vous noiriez fasilemant.
— Auparavant que vous n'ayez lu trente pages
j'aurai lu tout un volume entier. — Prenez
garde à être moriginé. — J'ai perdu une essaim
dabeilles qui s'en sont envolées à ce matin. —
Les coup - d'états sont des mesures contraires aux loix. — Cet acteur a une voix de cen-
taure.

LXXXIV. *Stanislas Leczinski.*

Charles XII dans le cour de ses passagères
prospéritées navait rien fait qui soit plus ma-
gnanime, que donner a la Pologne conquise par
lui un roi Polonais, rempli d'amour de sa patrie
et d'horeur de la fatalle influance des Russes ;
lequel était jeune riche, écléré , et bien fesant.
Tel Stanislas était, mais a peine celuici avait
anonsé par des sages loix jusques combien son
règne serait équitable ; la défète de Charles XII
a Pultawa mit sa courone et son existance en
pérille. Il fut vu , nétant plus en état de pouvoir resister contre une ligue puiçante , et
ayant abandoné son trone, se jeter dans la Po-
méranie Suédoise, pour, étant là, defendre les
possècions apartenantes a son ami qui était illustre et maleureux. Il ne sut pas plutot ce héro
retiré dans la Turquie et ayant irité le gouvernemant qui lui donait azile, par son imprudante
opiniatreté ; quil consut lui Stanislas le proget

généreux de l'aller trouver, partager ces maleurs avec lui et radousir la violance dont était son caractaire. Déguisé il ariva sur les frontierres de Turquie. Charles XII venait dêtre fait prisonié des Turcs après avoir suporté un siège en sa maison de Bender. Reconnu, Stanislas fut arèté. Bientot les Turcs ce lassèrent a persécůter deux rois ennemis avec les Russes. On sait quels antreprises soffrirent au caractaire indontable de Charles lorsquil rantra en ses états. Stanislas fut obligé à se séparer davec son ami mais n'en fut point oublié. Le monårk Suédois (malgré quil était en détresse) veillant aux besoins du roi de Pologne dans la patrie duquel les biens considérables avaient étés confisqué, il lui fit une pancion assez conséquante que celuici touchait dans le ducher des Deux-Ponts. La mort de Chârles laissa Stanislas non sans énemis mais sans ressourse. Il y eut un proget qui fut formé pour l'enlever. Stanislas s'étant échapé hors de ce danger, il demanda au régeant de France permicion pour se retirer dans l'Alsace a quoi ce prinse consentit avec de l'ampressemant. .

LXXXV. *Suite.*

Le roi Auguste fit porter à la cour de France des plaintes pour l'azile acordé a son ansien rivale. Le duque d'Orléans ce servit (repondant a l'ambaçadeure de Pologne) de cette noble es-

pression, « La France a toujours étée l'azilé aux
« Rois maleureux. » Depuis ces tems là Stanislas vivait à Weissembourg ; léquel était soutenu dans le maleur par la filosofie qui aprend
a le braver et la relligion qui va jusquau point
de le bennir. Sa fille etait la seule obget de
ses solicitudes, laquelle avait partagé avec lui
et avait radousi tous les maux de sa vie errante,
et cela dès son age le plus tendre. La piétée fil-
liale avait dévlopée chez cette dernière, des
vertus actives et modestes. Ses traits n'étaient
rien de remarquable ; mais la jeunesse, mais
linocence, mais la bontée y donait des grasses.
Elle était noble et élégante par la taille, son
esprit avait d'avantage de justice que déclat,
son éducation médiocre. Elle était aussi timide
que les persones, qui ont aprises à bonne heure
de se deffier de la fortune. Sa piété était sin-
cêre indulgeante, et sans exclure la gaieté.
Stanislas n'espérait point lui trouver un mari
si ce n'était parmi des hommes fort inférieûrs
au raug que lui avait ocupé, lorsque le duque
de Bourbon de consert avec lévèque de Fréjus,
consurent le proget d'en faire une épouse au Roi
de France, auquel mariage Louis XV consentit docilemant.

Le roi de Pologne restait dans un chateau
dellabré près Weissembourg lors qu'une lètre
de M. le duque lui aprit cète prodigieuse faveure de fortune. Transporté par la joie il

antre dans la chambre dans laquel sa fame était et sa fille aussi. « Ha, lui dit il, ma fille : vite « à genou, et remersions le bon Dieu. — Celle « ci crie, mon père, est ce que vous seriez ra- « pelé vers le trone de Pologne. — Le ciel, « lui reprit Stanislas, ma fille, est bien plus « favorable pour nous, en éfet, vous ètes reine « de la France. »

Pas beaucoup de temps après cela, cète fa- mille fut confirmé au sujet dun bonheur quelle regardait ancore come si c'était un rève, et cela par larivé du duque d'Antin, et du marquit de Beauveau, étant chargés de faire sous le nom du roi la demande de la fille. Au 4 septembre 1725 la noce fut sélébré à Fontainebleau par le car- dinalle de Rohan.

LXXXVI. *Phrases détachées* (Participes).

La mélancollie, que vous avez remarqué dans cette femme, vient de la multitude de con- trarriétés, quelle a éprouvé, et du peu de bien- veyance que lui a témoinié sa famille. — Ces soldas se sont battus avec un courage, qui plus d'une fois les a exposé aux plus grands dangés, nous les avons vu ce présipiter aux milieux des rans énemis où ils se sont freyé un passage à travers une grèle de balles lancés sur eux de toute parts : après la victoire nous les avons vu porter en trionfe ; et nous les avons antendu élever aux nus par tous ceux qui ont été témoins de la valeure, quils ont déploïé. — Ma mère a fait tous les éfors quelle a pu, pour lengagé a abandoné la vois quil c'est proposé de suivre, il n'est point dargumans par lesquelles elle n'aye taché de le ramené a des resolucions plus sages : cependant non seulement il ne la point écouté ; mais encor il ne l'a pas laissé achevé de parlé, et les reponces quil lui a fait lont tellemant affligé quelle c'est répanti de sètre doné la peine de socupé de lui. — Pouriez vous me procuré une couple de perderis semblable a celles que vous mavez montré. — Le peu d'annuis que jai éprouvé pendant les deux anées que jai vécu dans ce chatcau isollé, me done lieux dèspéré que les progets de travaille, que j'ai formé pour la saison prochène, me feront trouvé plus de charme dans cette solitude que je n'en aurais goutté dans l'anseinte des villes. — Cette maison, la première foi que nous lavons vu estérieuremant nous a séduis par un aire de manificence, que nous ne nous étions pas imaginé y trouver, daprès les raports quon nous en avais fait, mais aussitot que nous y somes entié nous avons reconu quon ne nous avait pas trompé, et le peu de solidité quelle nous a paru présanté dans sa construxion, nous a déterminé a renonser à lenvi que nous avions eu de lacheter. — Si vous contez pour rien le peu de sages avis que je me flate de vous avoir donné et les témoignages d'amitiés que je me suis éforcé de vous faire agréez, vous ètes come tant dautres, que jai obligé et qui ne mont sçu aucuns grés des sacrifisses que jai fait, et des privations que je me suis imposé, pour leurs rendre les bons ofices, que j'ai cru pouvoir leurs ètre utiles.

LXXXVII. *Un gentilhomme guéri du somnambulisme par un charretier* (Vieux style).

Il y avoit un gentilhomme au païs de Provence, homme de bon visage, et assez riche et de recreation. Entre autres il aimoit fort la chasse, et y prenoit si grand plaisir le jour, que la nuict il se levoit èn dormant : il se prenoit à crier ni plus, ni moins que le jour, dont il estoit fort desplaisant, et ses amis aussi : car il ne laissoit reposer personne qui fust en la maison. Et resveilloit souvent ses voisins, tant il crioit haut et longtemps après ses oiseaux. Si estoit-il fort cogneu, tant à cause de sa gentillesse, que pour cette imperfection fascheuse, pour laquelle l'appelloit-on l'Oiseleur. Un jour en suivant ses oiseaux il se trouva en un lieu escarté, ou la nuict le surprint qu'il ne savoit ou se retirer, fors qu'il tourna et vira tant par les bois et montaignes, qu'il vint arriver tout tard en une maison, estant sur le grand chemin toute seule, là où l'hoste logeoit quelquesfois les gens de pied qui estoient la nuict, parce qu'il n'y avait point d'autre logis qui fust près.

Et quand il arriva, l'hoste estoit couché, lequel
il fit lever, lui priant de lui donner le couvert
pour cette nuict, parce qu'il faisoit froid, et
mauvais temps. L'hoste le laisse entrer, et met
son cheval à l'estable aux vaches : lui monstrant
un lict à terre : car il n'y avoit point de chambre haute. Or y avoit léans un chartier voitu-
rier, qui venoit de la foire de Pésenas, lequel
était couché en un autre lict tout auprès : lequel
s'éveilla à la venüe du gentilhomme, dont il
lui fascha fort : car il estoit las, et n'y avoit
gueres qu'il commençoit à dormir. Et puis
telles gens, de-leur nature ne sont gracieux,
que bien à poinct.

LXXXVIII. *Suite.*

Au resveil ainsi soudain, il dit à ce gentilhomme, Qui diable vous amène si tard ? Ce
gentilhomme estant seul et en lieu incogneu,
parloit le plus doucement qu'il pouvoit ; Mon
ami ; dit il, je me suis ici trainé en suivant un
de mes oiseaux, endurez que je demeure ici à
couvert, attendant qu'il soit jour. Ce chartier
s'éveilla un peu mieux, et regardant ce gentilhomme vint à la recognoistre ; car-il l'avoit
assez veu de fois en Aix en Provence : et avoit
assez souvent ouy dire, quel coucheur c'estoit.
Le gentilhomme ne le cognoissoit point, mais
en se deshabillant lui dit : Mon ami, je vous
prié, ne vous faschez point de moi, pour cette

nuict : j'ai une coustume de crier la nuict aprés mes oiseaux : car j'aime la chasse , et m'est ádvis toute la nuict, que je suis aprés. Hò hò , dit le chartier en jurant , par le corps bien , il m'en prend aussi comme à vous , car toute la nuict il me semble , que je suis par les champs fort empesché à crier et à toucher mes chevaux , et ne m'en puis garder. Bien : dit le gentilhomme ; une nuict est bientost passée , nous supporterons l'un l'autre. Il se couche , mais il ne fust guères avant en son premier somme , qu'il ne se levast de plain saut , et commença à crier par la place ,,volà , volà , volà.

LXXXIX. *Suite.*

Et à ce cry , mon chartier s'esveille , qui vous prend son foüet, qu'il avait auprès de lui , et le vous meine à tort et travers, à la part où il sentoit mon gentilhomme , en disant : Dia, dia, houih, hau, dia. Il voùs sengle le pauvre gentilhomme, il ne faut pas demander comment: lequel se resveilla de belle heure aux coups de foüet, et changea bien de langage. Car au lieu de crier volà, il commença à crier à l'aide, et au meurtre : mais le chartier foüettoit tousjours, jusques à tant, que le pauvre gentilhomme fust contraint de se jetter sous la table, sans plus dire mot en attendant que le chartier eust passé sa fureur : lequel quand il vid que le gentilhomme s'estait sauvé, se remit au lict, et fit semblant de ronfler. L'hoste se leve, qui allume du feu, et trouve ce gentilhomme caché sous le banc : et estoit si petit qu'on l'eust bien mis dans une bouteille d'un double : et avoit les jambes toutes fangées, et toute sa personne blessée de coups de foüet, lesquels certainement firent grand miracle : car oncques-puis ne lui advint de crier en dormant, dont s'esbahirent depuis ceux qui le cognoissoyent, mais il leur conta ce qui lui était advenu. Jamais homme ne fust plus tenu à autre que le gentilhomme au chartier de l'avoir ainsi guari d'un tel mal comme celui là.

XC. *Phrases détachées.*

J'ai passé quatre années de temps au college, et il ne mest pas arrivé une seule fois de tomber a terre en courant avec mes collégues. — Mettez une buche de bois au feux. — Vous n'entrez et vous ne sortez de classe, que pour vous amuser. — Messieurs, je vous prends tous à témoins de mon inocence. — Nul ne doit servir à deux maitres à la fois. — Je suis dans la plus grande anxiété quil est possible. — De tous les moyens qui peuvent nous conduire au bonheur nous devons choisire par préférance ceux indiqués par la religion. — Pardonez ce pauvre anfant, car il ne sait quoi il fait. — Informez vous ce quil doit faire et instruizez en moi. — Madame sera t'elle présanté à la cour? Non je

ne la serai pas. — Cet home n'a dit des injures
à qui que ce soit. — Je supplérai à la some
qui vous manque pour pouvoir aquérir cète
propriété. —Qui sont cès personnes? C'est mon
frère et ma sœur. — C'est donc eux que vous
avez invité? Non, cétait mon pere et ma mère.
— Ce sont un travail constant, une aplication
soutenue, qui seuls peuvent applanire pour
nous les dificultée de la langue Française. —Je
suis si tellement croté qu'il faut que je me
change de la tète au pied. — Ce saigle est
si bien, quon le prendrait presque pour du fro-
mant. — Aussitôt votre diner venez moi trouver. — Cette fleur a ses pétales extrèmement
alongées. — Je n'ai jamais vu home aussi chi-
poteur què vous. — J'ai préparé d'avance ma
mére pour cette nouvelle afin quelle ne fût pas
surprise lors quelle laprendra.—Mademoiselle,
quand on se marie, cest quelquefois pour ètre
soumis aux caprices dun home exigeant, mais
croyez que ce soit le plus souvant pour être
heureux. — Je me suis informé par votre carte
que vous avez laissé chez mon portier, de la
peine que vous avez pris de passer chez moi.
— J'ai defandu qu'on ne vint me troubler durant que je travaillerai. — Une foule de curieux était arèté en devant de cette maison. —
Ces extampes ont été fort mal colorées. —Vous
faites continuèlement des coque-a-lanes.—J'ai
loué à l'église un stalle pour toute l'anée. —

Ma maison de campagne est située sur une monticule dont on apperçoit touts les bois environnant.

XCI. *Ressemblance extraordinaire.*

Les comtes de Ligneville et d'Autricourt, frères gémaux issu d'une des quatre mèsons de l'ansiène chevalrie de Lorraine, jouissaient dune si forte resanblance que, quant ils s'abillaient lun pareillemant que lautre; ce quil leurs arrivait par interval à seul fin de samuser, leurs domestics y étaient pris, le son de leurs vois ayant entr'elles un raport si tellement mediate quil jettait de tems en tems leur femme dans les plus grands embaras. Lun (come étant tous deux capitaines de chevaux-légers) se plassait en tète de lescadron de lautre sans que les oficiés et les cavalliers doutent de cette échange. Le Comte d'Autricourt se fit une afaire criminèle, il ne tenoit que de sa partie inverse de le privé de liberté. Le Comte de Ligneville que fit il; il ne quitta plus davec son frère, et ne lui laissa plus sortir sans laconpagné, et la crinte quon ne saisisse l'inossant en plasse du coupable, fit nuls les drois quon s'était obtenu sur lindividu du comte d'Autricourt.

Ils samusèrent un jour avec une sène assez plèzante. M. de Ligneville ayant fait apeler un barbié, après s'ètre fait razer un coté prétexte

un afaire pour passer a l'apartmant voisin dans
lequel était caché M.' d'Autricourt qui s'endosse la robe de chambre à son frère ; et s'ata-
chant la cerviette à son col vient se seoir dans le
siége dont M. de Ligneville était quité. Le barbié sétant mis dans le devoir de razer lautre
coté, dans quel surprise nest il pas de voir,
que dans un instant la barbe ait revenu. Ne
doutant point que s'est un démon qui ait pris
la figure de sa pratique, il fait un gran cris,
doù il tombe en pamoison. Durant quon socupait de le faire revenir le Comte d'Autricourt
ayant rentré au cabinet, pendant ce tems là
M. de Ligneville demi-razé reprit sa plasse,
nouvèle surprise pour le barbier; celui-si croit
quil a révé de tout ce quil a vut ; et ne fut
convaïncu sur la veritée, que voïant les deux
frères tous les deux ensamble.

XCII. *Sac de Rome par Alaric, roi des Goths, en 410.*

Alaric entré nuitamment dedans Rome, y
ayant afiché un édit come quoi les Goths aient
a piller et sacager libremant ce qu'ils trou-
verraient ; les ordres de ce Roi ne furent qu'ex-
sécuté trop scrupuleusemant, n'y ayant pas eu
une maizon ni pas un paleis qui ne restèrent
ampreints de la fureur de ces barbares. Il nest
pas malaisé de consevoir come ils commirent
des horéurs, comé ils ce portèreut (à la faveur

des ténèbres) à des exsès ; les meubles les plus
riches et somtueux, les produxions de la nature et de lart les plus rares, tous l'or, largent
et les pierries, en deux mots tous ce que l'on
avait pu ramacer de plus pressieux des dépouils
du monde pandant autant de ciècles, devinrent
la proie à des soldas étrangers, dans une nuit,
a savoir celle du dernié jour de mars 410. Il est
vrai, justisse quon doit randre à Alaric, que
cète nuit afreuse, ni les jours qui sensuivirent
ne furent pas souillé avec du sang, le meurtre
ayant été deffandu avec des peines très cèveres
par lédit de ce Roi qui dun coté prouva par
là son humanitée; de l'autre coté come quoi
son armée était dissipliné et que ses soldats lui
portaient un grand respect. Ce roi coukérant
malgré quil était infesté par l'héresie, ne montra pas moins de respect aux lieux saints des
catoliques, ayant ordoné que persone n'ose
porter sur eux des mains profanes, laquelle circonstanse ne contribua pas mal pour fortifié
l'assandant que la Religion c'était deja aquise,
à cause que lon vit come quoi celle ci était
reputé ètre inviolable, et cela par ceux là mé-
mes, qui etaient habitué de ne pas mètre a leurs
desirs aucuns freins. Mais les monumans publiques sentirent particullièremant les éfets de
la rage des vainqueurs, si les édifisses religieux
furent épargné ; lesquels vainqueurs mirent le
feu dans tout ce qui put resister contre leur

aveugle fureure. Il parait, dans cète horible catastrofe, que les barbares étaient non seulment animé par leurs ressantimans, mais pareillemant du dépis qu'ils avaient consu pour entendre apeler Rome la ville éternelle, a chaque instant, voire même dans un édit récent de l'ampreur. Ils prenaient attache, ils ce faisaient un objet dorgueil à détruire ce qui était proclamé ètre indestructible.—

XCIII. *Phrases détachées* (Participes).

.Les gravures que j'ai vu suspandu aux colones dont est antouré cette maizon, ne sont pas aussi soigné, quelles m'avaient paru lètre lorsque je ne les avais regardé que de loing. — La femme, que vous avez vu si inpitoyablement maltraité par son mari en a consu un telle chagrin quelle cest laissé aller a une maladie, qui l'a conduit au tombau, sans quelle ait chercher a soposer aux prograis, que le mal a fait en si peu de tems. — Quelque soit les dangers dont ma mère ce soit vu menassé, il n'y a point dobstacle dont elle n'aie trionfé ; point décueuils quelle n'aie évité, point de sacrifisses quelle ne se soit inposé, pour attindre le but ou elle etait resollu d'arrivé. — Nous nous étions proposer daller ensamble voire la piesse, quon a joué hier dans la salle qui a été nouvèlement restoré, mais nous somes arivé si tard que nous navons pas trouvé un seul billet. — Cette terre ne vaut plus aujourd'hui les deux cents mille francs quelle a coutté à son propriétère ; lorsquil la acheté, les propriétées avaient une valeure, qui le plus souvent ne devait point ètre estimé relativemant à leurs étendues, mais je suis sertain, que maintenant elles ont perdu un, bon tière de la valeur, a laquelle elles avaient été porté. — Les deux lieues que nous avons fait ce matin, nous ont donné un tel appettit quil samblerait que nous n'eussions pas mangez depuis deux jour. — Les choses avantageuses, que nous avons entendus dire de ce jeune home, nous ont tellemant prévenu en sa faveur que nous ne nous somes pas cru obliger de prendre sur son conte d'autre ransaignemans, que ceux qui nous ont été fourni par les persones, qui nous lont présanté ; nous lui avons acordé, mon père et moi toute notre confianse ; ce dont nous nous somes déjà loué, dans plusieurs sirconstances où nous l'avons charger de comission assez délicattes ; l'intelligeance quil y a déployé nous a laissé entrevoir de quelle utilité pouront lui ètre dans la suitte les avis que nous nous somes proposé de lui donné. — Si le peu de conessances, que vous avez acquis, était en raport avec le peu daplication que vous avez montré, en acistant aux lessons que je vous aie donné, je crois mes chers anfans, que vous pouriez ètre regardé dans le monde, come ayant perdu le grand nombre d'anées, que vous avez passé au collège, après que je vous ai quité.

XCIV. *Histoire de revenant, arrivée en Russie.*

Madame *** avait perdu son marit, environ vers la fin de l'été 1816. L'hiver et le carnavale ensuitte arrivent. Cète dame en aimant beaucoup le monde et danser ; se désollait sur les privacions que lui imposait les biencéances ; et elle regretait vivement les follis de la guée saison. Résistant dabord ; mais bientot se secouant de toute pudeur elle a la pensée assez movaise que de se faufiler dans un balle paré, à la grande scandalizacion de touts les acistans qui s'y trouvaient ; malgré qu'elle temoignait grand envi de dansé, tous les danceurs s'en fuïaient d'elle come qui dirait dun *paria*. Cette acueuil au lieu de la rendre come de juste aux santimans de ces devoirs ne la découraja pas, jamais une femme n'ayant eue moins de vocacion à la doulleur ; elle reparu de nouveau au suivant balle, et come rien nest plus leger en conparaison du monde on lui tolléra sa présance, le mépris fut moins remarqué, enfin au troisième elle se trouva avoir des danceurs. Une seule persone, tuteur à ses anfans ; home à meurs cévères fut assez osé que de lui adrècer des vifs remontranses de son honteuse conduite, mais nobtint pas aucunes reformes.

Le jour de la masquarade terminant la fin du carnavale Madame *** fidelle pour le scandal se montra a cette foulle avec un habit fort elégant et de caractaire. Bientot elle appersut quun grant domineau noir la suivait ostinammant ; prenant la chose de bonne part elle ne vit dans l'inconu pas autre chose qu'un atantif et elle lui minauda. Tout en mème tems quil vous la poursuivait, le domineau noir eut assez d'adrèce pour la dirrigé à un petit cabinais attennant auprès de la sale de rafréchissemants. Celuici dès quil voit quils sont tous les deux seul a seul, levant le masque, s'ouvre son domineau brusquemant et Madame *** se trouve en face a face avec son marit. Ses traits sont légeremant altéré, mais par ailleur sa recemblanse est parfète, son corps étant envelopé avec un linseuil parcemée en étoiles noirs. Une vois sepulchralle se fait antandre dans ses mots,

« A tu donc oubliée que la terre ancor frèche
« me couvre, maleureuse quelle èxample est ce
« donne-tu a nos enfans. Vien-t-en, vien-t-en
« caché ton infamie dedans les profondeures des
« tombaux. »

XCV. *Suite.*

Achevant ses mots le spectre saisit fort le bras à la veuve, come voulant la trainer avec lui, mais la veuve ayant tombée à ses pieds sans conaissanse, le domineau s'éclispe. Quelques

passans auprès du sinistre cabinais, voyant sans
mouvemants sur le planché une femme qui y
était étandu, apèlent du secour ce qui produi-
sit grandes rumeurs au balle. Quant Madame***
reprit son santimant ellè vit à son coté le générale grand maitre de polisse lequel, fesant
tout monde séloigner et la questionant des
causes pourquoi elle avait eue son évanouice-
mant; la veuve ancore toute éperdu par sa
freyeur racompta ses avantures, et afirma très
certènemant quelle ne venait que de voire son
homme.

Le jour du landemain le grand maitre con-
voca touts les cochés de plasse à la polisse et
sinforma d'eux, pour savoire si lun deux avait
conduit auballe un grand domine au noire, dont
il eut été frapé par l'air mistérieux. Alors un coché déclara qu'en passant a dix heure au soir
tout près le cemitière de Smolensk, une vois
sorti de dedans le milieu des tombeaux lui avait
criée *arète*, et avec une vois si tellement im-
perrative, que malgré que lui était mort de
peur; il navait pas eu l'hardiesse d'oser conti-
nuer sa routte, quun fort grant home revétu
en noir sétait plassé dedans sa voiture, sans lui
proférer la queue d'une parolle, et dirigeant
sa marche par signe lavait fait le descendre
au grant téatre où lui coché avait ressu de
M. le mort (c'est come ça quil s'esprima) une
aciguacion de vint-cinq rouble.

Ces ranségnemans ne donant aucunes lumierres d'une aparution si inimaginable ; cète avanture ocupa la tète a tout le monde et elle fut un mois le sujet à tous les entretients, on se perdait à des intarissables conjonctures, Madame *** dispàrut totallemant hors de la société.

XCVI. *Suite.*

Madame *** ne pansait plus non seulemant à la dance ; mais ancore parlait très sèrieusemant quelle sen irait finire ces jours en un monaster, alors le tuteure à ces anfans croïant très sinsère sa convercion lui dit, létant venue trouver, « Madame ; ayant meprisée mes conseïlles, par interret pour vos anfans et l'honeur de la famille jai du vous faire subire une èpreuve térible, cest moi que vous me vîtes dedans le cabinais, javais couvers ma figure avec un masque modulé daprès un portret de mon maleureux ami, j'en imitai la vois et le geste, votre freyeur completa le prestige. — Mais, lui reprit la veuve ; Monsieur, vous me pouviez doner la mort. — Madame : non, jétais parfétement rassuré vu l'estrème courage duquel vous aviez suporter d'avoir perdu votre marit, mon stratagemme vous randant à la rèson est heureux, vivez main-tenant pour vos anfans, il ne tient que de vous que vous resaisissiez lestime du monde, celuici pardonant aux répentirs ; dans quelques temps , vous pourez quiter votre trop cévère manière dont vous vivez ; et aconplissant vos devoirs y trouver le bonheur. »

La veuve eut dabord une foi entierre aux ressits du tuteure , mais elle reprit dans la solitude où elle ce condanait , toutes ses terreurs , et elle se persuada de ce que son marit avait bien reèlemant quité le cemitierre de Smolensk pour en venire lui reprocher sa conduitte. Elle crut que le tuteur usait d'une supercherie tandre, et satribuait l'odieuseté de la sène nocturne, afin qu'il lui rendît sa tranquilité. Elle mourut l'anée daprès quelle se fut retirée au couvant où elle se retira quelques jours après laditte esplicassion.

XCVII. *Phrases détachées*.

Plus d'une persone m'ont dit que vous vienderiez plutôt que je le pensais. — Vous êtes le meilleur enfant quil est possible quon trouve. — Sans voir votre visage , je vous reconaitrais facilemant à votre marche lente et mesurée. —Tachez de me faire les meilleurs devoirs possibles si vous ne voulez pas que je me prévaille du droit que j'ai, de vous doner des pinsons. — M. Berger est mort par une fièvre celébrale ou maline. — Je voudrais bien que vous me cousussiez un boutton à ma redingotte. — Que chacun de vous imagine , que travaillant pour lui il travaille pour son pays. — Je ne prétends point à m'arroger un droit, qui ne mapartient pas. — Je ne voyais personne, si ce n'étaient deux ou trois voisins. — Puisque vous n'aimez pas qu'on voûs prie de diner huit jour davance, je vous prirai, chaque fois que vous viendrez, à diner sans cérémonie. — Ma cousine est une grande lectrice de romans. — Coute qui coute, je lui ferai souvenire de ce dont il m'a promis. — Croyez que l'home qui sera mon ami le sera aussi de ma famille. — J'ai pris cette montre en cuivre pour une montre d'or. Vous vous êtes trompé, elle est d'argent doré. — Si vous nètes pas plus heureuse que je la suis; vous pouvez dire avec raison que vous nètes pas acablée par les faveures de fortune. — Preférez vous la semouille au vermichelle? — Vous joindrez avec cet envoi une livre de chocolas. — A defaut d'un ségrétaire je prenderai un copiste. — Ce ne sont pas des conseilles, dont les homes ont plus besoin, c'est des éxemples. — Quelque grands biens que vous possediez vous ne serez jamais autant riche que moi. — Quelsqu'adroits que vous fussiez tous deux, vous ne parvienderez pas aisémant a m'inposer par vos substerfuges. — Ce canard sent singulierrement le sauvage. — Vous saurez, mon fils que je n'aime point les demies confidanses et encore moins les demis mensonges. — Cette perte m'a causée une douleur inconsolable. — Quoique l'on en dise, le mérite sert toujours de quelque chose. — C'est une pensé que vous ne pouvez supposé qui me soit venu à lesprit. — Depuis quand lidée vous a telle pris de me lancer de malins épigrammes. — Je ne desesperé pas que vous serez un jour un grand'homme.

XCVIII. *Problème de la couronne d'or, résolu par Archimède.*

C'est aux bains où le fameux Archimède trouva la solucion du problaime de la courone d'or ; ou mieux dire, le principe, qui par l'aide du calcul algébrique en done la solucion. Voissi coment fut lorigine de cète decouverte. Hiéron qui lui était parent et ami ; ayant parvenu à la courone de Syracuse et voulu laisser un monumant de sa reconaissanse pour les dieux auxquels il croyait qu'il devait cète faveure, fit faire une courone dun grand pris, dont il fournit l'or a louvrier, lequel porta dans le tems marqué une courone d'or du pois tel qu'il lavait ressu, ouvrage qui fut aprouvée et fut plassée dans le tample. Peu après, la fidèlitée de louvrier étant soupsonné et le roi voulant découvrir la fraude sans domager louvrage, Archimède consulté, tout plain de cète pensé allaaux bains suivant son usage. Ayant appersut qu'au fure et a mesure quil aufonsait dedans la cuve, l'eau s'en alait en dessus des bords, étant sorti sur-le-chant et sans songer de ce qu'il etait nus il se mit a criller par les rues de Syracuse, *Je l'ai trouver, je l'ai trouver.* Retourné chez lui, et ayant prit deux lingaux en or pure et en argeant, pèsant chaqu'un come la courone, il plonja dabord le lingau en argeant dedans un vaisseau empli avec de l'eau qui coula en dessus des rebors a propor'sion du volume du lingau. Archiméde, l'eau qui ayait sorti dehors du vaisseau ayant été mesurée par lui, conut dabord laquelle quantitée d'eau répont à une mace dargent d'un sertain pois. Après cet espérience ayant rempli d'eau le mème vaisseau jusques au rebord, tout come la premierre foi, il plonja, dedans, le lingau en or, mesura ensuitte l'eau venant de s'ecouller ; et il trouva que s'etait le lingau d'or qui en avait fait moins sortire que le lingau dargeant. Il découverît ainsi, quil y avait proporsion entre les quantitées coulées, et les volumes de deux lingaux en métals différans et de mème pois. Cète premiere découverte étant le plus difisille, le calcul fit le reste. Archimède, ayant remarqué que plongeant la courone elle faisait sortir davantage deau que le lingot qui était du mème pois ; il reconut y avoir de l'alliage, et résonant ensuite sur les quantitées d'eau coulées aux espériences, fit voire clèrement combien c'était dargeant que louvrier avait mêlé avec la courone.

XCIX. *Ce qu'était à Rome le gouvernement républicain.*

Le gouvernemant de la republique Romaine etait une aristocrassie, qui etait mêllée avec de la démocrassie, le premié pouvoire etant éxersé par un cénat hériditaire, le second pouvoir etait éxersé par le peuple. Lun était tout antier separé davec lautre, il ni a pas déxample de ce que, un cénateur abandonant sa qualitée soit passé en la classe du peuple, come il en éxiste peu aussi de ce qu'un home du peuple est été admis dans le cénat, lequel privillège ne fut acordé qu'extrèmemant rarcmant, et qu'a des grandes vertus ou des seryisses imminans randus envers la patrie. L'activitée etait antretenu dans les esprit par la jalousie éxistant parmi ces deux corps souverains, laquelle jalousie donait naissance a une surveyance continuèle de lun vis a vis de lautre, laquelle surveyance etait relative aux grans interrets de l'état. C'est là la source qu'eut la liberté Romaine, et c'est ce qui causa prinsipalmant que les Romains s'illustrèrent avec des grandes axions. Il est vrai aussi, ce même principe anjandra des dangereux desordres dedans Rome, lequel finit par doner loccasion aux faxions sanguinaires de Marius et Sylla, et causer a la république sa propre perte. Mais ces malheurs qui d'ailleur ne prirent leur naissance, que les meurs des Romains étant une fois coronpu, ne prouvent rien en contradixion avec la bontée du prinsipe, ils ne font que faire voiré que les raports du cénat vis a vis du peuple nétaient pas bien determiné ni les limittes à leurs pouvoirs bien tracé dans la loi, cest même etonant que les législateures de Rome ayant montrés une si grande sajesse et une conèssance si profonde du cœur des humains, dans toutes les parties de lorganizacion sossiale dudit peuple, ont negligé un point si conséquent. Certainemant quil est bien inpocible quon puisse prévoire ce qui serait arivé si les atribucions des deux pouvoires supraimes de la republique avait été fixé, de manierre à ce que chacun d'eux ait conu exactemant ses droits et devoirs, et que tout ampiettemant de Jun envers lautre soit écarté au grand jamais, peut être la republique aurait été moins conkérante, mais pour sûr elle eût jouie plus du calme et du bonheur, peut être qu'aussi elle aurait durée davantage de tems.

C. *Phrases détachées* (Participes).

Je tiens cette nouvèle dun de vos amis que jai rancontré ce matin. — La chymie est une des sciances, que les besouins du comerce ont le plus repandu. — Qu'on-t-ils fait des jouais que nous leurs avons vu dans les mains, et de ceux que nous avons antandu dire quon leurs a acheté. — Les deux fois que jai sejourné dans

cette ville ; je ne vous y ai vu ni lun ni lautre,
il semblait que vous vous fussiez donné le
mot, pour vous en absanter en même tems. —
Les voleurs, que vous avez vu roder autour de
cette maison, ont étés arètés la nuit dernierre.
— Ces crimes ce sont suxédé dans lespace dune
année ; et se sont reproduit plusieures fois depuis cète épocque. — Nous nous somes disputer
l'oneur de vous pocéder aux milieux de nous.
— Ils ont voulut mourire dans le lieu qui les
avait vu naitre. — Je suis loin davoir aquis la
réputassion, que javais espéré dobtenir. — Lin-
quiétude que vous nous avez fait éprouvé, c'est
dissipé aussitot que nous avons été instruit
de leureuse influanse, que le bon aire de la
canpagne a éxersé sur votre senté. — L'aquarèle
quils ont commaucé à copié n'est pas celle que
je leurs avais conceiller de choisire. — Les gravures dont je vous ai parler, et que jaie regrèté
dé navoir pas concervé, je les ai vu ce matin
esposés chez un marchant qui prétand les avoir
acheté deux cent frans la piesse. — Tant de
fois nous nous somes juré une amitiée a toutes
épreuves, et cependant tant de fois nous nous
somes brouyé pour le plus légé motife, que
nous ayons finit par être persuadé lun come
lautre, quil y as entre nous une parfète incon-
patibilitée d'umeurs. — Elle c'est vu cruèlemant désabuser des illuzions quelle c'était fait,
et elle c'est répanti de la bienveyanse quelle a

témoinié a des gens qui sen sont montré si peu
digne. — Elle était ancore toute ému du spectacle qui venait de ce passé devant ces ieux,
que de fois elle ma raconté cette seine afreuse
qui l'a si profondémant glassé dorreur. — Si
nous ne nous ètions pas couvenu lun a lautre ;
croyez vous que, nous nous fussions tant recherché ; et que nous nous fussions randu de si
nonbreus servisses. — Combien de mesures de
farine avez vous consomé, et combien en avez
vous distribué aux pauvres de la comune que
vous avez habité.

CI. *Tours exécutés par quelques charlatans indiens.*

Passant à Baroche qui est une vile sise dans
l'Indostan entre Surate et Agra, le voyageure
Tavernier accepta un logemant chez les Anglais
ayant un fort beau contoir dedans ladite vile.
Il eut assez de curiositée pour voire quelsques
charlatans indiens ayant ofert damusé lassan-
blée avec des tours de leurs profession ; lesquels
pour premier spectacle, ayant fait alumer un
grand feu firent rougire des chaines dedans,
avec lesquelles ils lièrent leurs corps, dont ils
ne ressantirent pas aucun mal ; et puis ensuite
prenant un petit morçeau de bois, ceux ci le
plantant en terre demanderent quel fruit desi-
rait-on qui en sorte. On leur dit souhaiter des
mangues. Pour lors lun de ceux si sétant cou-

vers avec un lainge, sacroupit cinq fois ou six fois contre la terre. Tavernier ayant voulu le suivre en cet opéracion prit une place dont en regardant il pouvait pénétré par une ouverture du lainge, et ce quil conte ici merite quon le raporte.

« J'appersus, dit il ; cet hôme qui coupant d'un rasoire sa chaire de dessous ses essailes frotait le morseau de bois de son sang. Quant il se relevait, chacûne des fois on voyait lé bois qui accroissait à vu dœil, et la troisième, des branches avec dés bourjons sortirent dessus, et la quatrième larbre fut couvert ávec des feuilles, et la sinquième des fleurs s'y virent. Un ministre Anglais étant présant avait déclarer primo dabort ne pouvoir consentire que les crétiens assistent à ce spectacle, mais ayant vu ces gens là qui faisaient dun morseau de bois sec venir (en moins qu'une demiheure) un arbre avec des feuilles et des fleurs come si cétait le printems, et de cinq ou bien quatre pieds d'hauteur ; il ce mit en devoir pour vous l'aller rompre ; disant hautemant que lui il ne donérait, jamais de la vie, la comunion a ceux qui deméurraient voir plus longtems des pareilles choses, dont les Anglais furent obligé a congediez les charlatants qui furent très satisfais apres qu'ils (les Anglais) leurs eurent donnés la valéure aprochant denviron dix écu, ou douze écu. »

CII. *Sur la bienfaisance.*

C'ait violler la justisse et les loix du Cris-
tianisme, quant on neglige ou quon se refuse
a faire le bien. Tout étant échange parmi les
homes la bienfésance est le moïen le plus sur
pour enchêner les cœures. Elle est payé de lafection et lestime de ceux qui éprouve ses éfets.
Si tout home par nature desire lafection de ces
sanblables : rien de plus naturèle et plus légit-
time que d'en prandre les moiens. Il est vrai
que les bienfaits ne soient pas toujours payé
des santimans quils devrait exités : mais en des-
pit des ingras l'home qui est bienfésant est toujour estimables.

La bienfésance est un art qui est souvant très
dificile, il consiste en ménajant la délicatèce
a ceux qui en sont l'obget ; vous rougissez souvant pour les bienfets que vous recevez, les
regardant come des chènes ; come des anga-
gemans a la cervitude. Les bienfets acompa-
gnés de la hôteure revolte ceux qui les ressoi-
vent et ne font que faire des ingras. Cest tres
souvant par la fôte au bienféteur si il ne trouve
pas dans les cœurs les santimans quil pretand
à leurs faire naitre. Il ni a que l'home sansible
et vertueux pour savoir vraiment obligé, et
que l'home sansible et honète pour ètre vraimant réconessant. Il faut ; disait un ansien ;
oublié le bien que lon fait pour les autre et

ne se rapeler que de selui que vous ressevez.
La bienfésance doit t'elle sétandre jusques pour
seux qui nous ont fait mal ! La plus noble vangeance est sans doute quand vous faites bien pour
ceux desquels vous avez droit de vous en plaindre , elle est propre a faire une énemi changer de cœur. Est t'il rien qui soit plus satis-
fesant quéxerser son ampire sur selui même
qui nous a faits mal ou marqués son méprit.
« Ne point se vanger contre un énemi ; dit Plu-
« tarque (quand vous trouvez l'ocasion pour
« cela), est preuve d'umanité : mais en avoir
« pitié quand il a tombé dans les adversités et
« lui tandre le secour de sa main ; cela n'apar-
« tient seulemant quà une âme qui est noble ,
« ou bien généreuse. »

CIII. *Phrases détachées.*

Si jétais dun naturel colérique ; je crois que
avec vous je perderais souvant la trémontade.
— Il faudra que vous ou moi nous cédions.
— Beaucoup voient très claire quant il s'agit
des defauts dautrui et ne voient goutte lorsque
il sagit des leurs. — Conduisez vous toujours
de manière à ce que nous nayons pas aucuns
reproches a vous faire. — Ce n'est point à vous
à qui jen veux, c'est a votre frère qui a des
grands tors a legart de moi. — L'angola est
sans contredire la plus belle espesse de chat.—
Moi et votre ami suivons résiproquement la

même carière. — Lorsque vous cueuillez des
chanpignons, gardez vous d'en prandre des ve-
nimeux. — Je vous crois prêt à ateindre à votre
trente unième année. — Il n'est pas étonant
que vous êtes malade, l'on peut bien dire que
c'est parce que vous l'avéz voullu. — Cette
famme est doué dun géni surprenant, c'est
vraiment une aigle. — Chaques fois que je vas
baigner, je suis sur que je vous y rancontrerai.
— Êtes vous venu hier au matin chez Ernest,
je n'y étais pas. — J'espère quil plaira au tribunal condaner mon adversaire aux depans.
— Dieu parut à Moïse sur le mont Sinaï et lui
y dicta ses comandemans. — Voila des vases en
bel argile, quel est le prix dont vous les avez
payé ? — Je crois que ce jeune homme aura
de l'esprit, mais je ne crois pas qu'il sera jamais
un homme de génie. — J'ai l'honeur de vous
observer que vous parlâtes il n'y a qùun instant dune maniere toute différante que vous
parlez maintenant.—Chaque fois qu'il s'assoit il
samble quil va défoncer le parquet. — Remar-
quez soinieusement lès mots indiqués avec une
astérique. — Vous passez vótre tems à bailler
aux corneils. — Il n'est rien que je fasse pour
vous obliger. — Les usages des peuples de lan-
tiquitée n'avaient presqu'aucun rapport aux
notres.—Aux moindres bruits ils tressaillissent
par la crainte. — Ces dames toute jolies quelles
sont, toutes agréables quelles parèssent; sont

sependant éloignées dètre aimables. — Je nai
pas encor autant dusage du monde come vous,
mais jespère de laquérir bientot de manière a
nètre point déplacé dans tel société que ce
soit.

CIV. *Législation des Hébreux.*

La législacion de Moïse est eu fait de monumant le plus remarcable que lantiquité nous
a conservée. Celleci nous ofre létonant tablau
dun peuple isolé davec les autre peuple ; ren-
foncé dans un désair ; se sousmétant sous un
gouvernemant pur téocratique ; conduis, éclèré,
regit, non pas par des Roix représantant de
Dieu mais par Dieu mème ; resevant non des
loix par traditions ni fragmants ; mais par code
complait fait en un seul coup et contenant en
gros et en détaille toute les loix en religieux ,
en politic, civil, rural et pénal, voire mème
les reglemans de la polisse ; des administra-
cions, de la discipline. Cette inconsevable ouvrage porta la moral dans le miliéu des corup-
cions ; porta la lumière en un siécle de lignoranse et porta la sivilisacion aux fins fonds des
désairs.

La lois des Juifs atache peine de mort aux
homissides ; peine à quoi sont soumis ceux
mèmes dentre les animaus ayant tués. Egale-
mant elle punit de perte de la vie les choses
tel que lidolatrie, sorsellerie ; rapte ; sacrilai-

ges; ofanse a la nature en frapant pères ou mères, vante dun citoien libre. A tous autres crime c'est la peine de tallion qui leurs est apliquer. Le vol simple est punit en restituant la chose vollée, au double, triple ou cinquple. L'ospitallité des étrangés est prescrit aux Juifs imperrieusemant come en leur faisant souvenire de ce queux mème furent longtanps errant et etrangé dans les lieux où ils habittait. La loi défend les usures entre soi seulemant aux Israélites. Elle veut quun esclave quil y a sept ans qui l'est, soit libéré, égalemant elle ordone que les propriété alliené retournent la sètième anée à leur mètre si cellecis nont pas étés ragetté, et que tous les produxions et fruits de la tère pendant la sètième anée soit en propriété esclusif au pauvre. Enfin elle soumet a des graves peinés le témoignage faux et la prevaricassion faite par les juges. Une disposicion de ce code, laquèle est digne de son auteure dispose que lon doit sécourir son énemi; voire mème lobliger.

CV. *Peste de Londres en 1665.*

La paiste de 1665 est l'un des plus tèribles dans les évenemans dun tel genre sur lesquels listoire nous en a transmise le ressit en détailles. Elle comansa pour le mois de mai; et pour la premierre semène amporta neuf persones, mais bientot après l'on conta pour sept

jours quatre cens soixante et dix mors; la plus
tèrible semène fut dans septanbre que la mor-
talitée séleva a sept mil cents soixante et cinq
personés. On crut pour lors quil ne restraient
plus bientot des vivans assez pour antèrer les
défuns lorsque la maladie presque tout-dun-
cou sarrèta.

La maleureuse Londres donnait dans cette
triste et memorable epoque l'espectacle le plus
déchiran. Les boutiques etant fermé, les rues
étant désertes, lon voyait dedans les carfoures
du feu alumé pour randré lair purifié, mais
la plupart etait à demie éteins manque de bois
pour antretetenir; ces feux jetaient de la lucur
pâle, l'athmosferre ayant perdue de son ressort
et les oisaux volant plus bas que coutume;
des crois etaient peinturés dessus toutes les
portes, dessous lesquelles crois vous lisiez,
Dieu ayez pitiée pour nous. Passait, toutes les
heurs, un charriot chargé avec des sercueilles
ouverts pressédés d'homes porteurs de sonettes
qui criaient avec une vois lugubre; *aportez vos
morts*. La lamantacion des familles et le cri des
mourant ce mellait avec ses orribles bruis. En
cette grande calamitée la plus part des familles
riches abandona ces foyés; mais les chéfs principaux du peuple restèrent à leur poste et avec
une héroic umanité ils y ramplirent leur devoire. Larchèveque Sheldon, le generalle
Monck; le lort maire sir John Lawrence es-

poserent avec courages leurs vies ; et ils prodi-
gairent leurs richesses pour pouvoir secourire
leurs maleureux citoyens.

On croit generallemant que la paiste fut
amené d'Hollande , y ayant fait des grans ravages lannée d'avant celle-la. On obcerva dans
toute la duré de ce fléaux orrible le tamps
qui fut parfètemant calme n'y ayant eu ni de
la pluie ni du vant.

CVI. *Phrases détachées* (Participes).

Nous nous somes imaginer que nous vain-
querions votre repugnance pour létude ; mais
nous nous somes appersu que nous nous étions
tronpé. — Voila ou les ont conduit les mauvâises
societées quils ont frequanté et les abitudes
vissieuzes quils y ont puizé. — Pourquoi ne
nous avez vous pas prevenu du desir que vous
aviez d'abandoné la profécion que vous avez
anbracé , nous nous serions fais un plésir de
vous doné les avis , que nous vous aurions cru
utils dans la nouvèle carière que vous avez cru
devoire antreprandre. — Ils nous ont assuré
qu'ils auraient mieux aimé laissé leur maison
tonbé en ruine que d'y depenser les cent quatrevint louis, que leurs ont couté les répara-
cions qu'ils y ont fait. — On les a laissé livrer
au flames deux manuscris, que leurs ansètres
avaient conservé pressieuzemant pendant plu-

sieures siècles et dont ils sétaient proposé de faire une sorte de titre de famille. —Lorsqu'ils mont faits cette belle istoire, ils se sont figuré que je l'avais cru. —La représentacion de cette piesse a été moins longue que je ne laurais cru. — Le peu damis que jai concervé ce sont. plu à me rendre la justisse que mes axioms mont mérité. — Nous nous somes trop fasillemant laissé aller a l'émocion, que nous a fait éprouvé le récis des infortunes quon nous a mis sous les ieux. — Si nous ,ne nous étions fait respecté de ces briguands, par un visage et une contenance assuré; je ne puis prévoir a quels maleurs nous nous fùssions vu esposer. — Combien de chimerres ne ce sont ils pas forgé, combien ne ce sont ils pas créé didées fausses qui de presipisses en présipisse les ont conduit a une ruine complette, et cette ruine ils nont put lévité, en dépits de leurs orgueuille qui les y a entrainé, plutot quil n'a servit a la leur faire évité.—Si ce genre de discucions les avait fatigué autant que moi ils ne les aurait pas recomansé aussi souvant quils lont fait, et ils ce seraient abstenu de rèmètre sur le tapit, un sujet de conversacion, que nous avions abandoné, et que nous elions resolu a esclure de nos antretiens. — On dit que ces deux seurs se sont ressanblez dans leurs grandes jeunesses, cependant malgré toute latancion avec laquèle nous les avons remarqué, nous ne

nous somes point apperçu quil exista entr'elles
le moindre raport de fisionomie.

CVII. *Peste de Marséille.*

L'anné 1720 mémorable pour la France par
les maus qui résultère après le sistème de Law;
fut ancore remarqué par un fléaus terrible qui
fut la paiste qui fut déclarée a Marseille; et
dans linterval de plusieures mois fit dans cette
vile oppulante un vaste tombaux; un vaisseau
entra dans ce port venant de Syrie dans le moi
de mai. Le capitaine ne croïait pas avoir trouvée la paiste dans aucuns lieux de ceux dans
lesquelles il c'était arêté. Daprès la foi dun
chirugien ignare et ostiné on comit une inprudance qui fut que l'on abbréja le tems de la
caranteine, et laissa sirculer par la vile la mar-
chandise apporté par le vaisseau. La paiste se
propaja parmi le peuple sans que les homes
d'art aient voulus la reconaitre, mais la paiste
au mois de juilet anleva un nombre de victime si tellement conséquent quil ne fut plus
pocible dètre avcuglés. Le gouvernemant re-
coûrut aux précocions d'habitude. Le port de
Marseille fut clos. Déjà les richards ayant sortis hors de la ville; une très immanse popu-
lacion revenu trot tard de sa cécuritée tantait
a échaper par tout moïen. Le parlemant d'Aix
prîs parti dordonez un cordon de troupe pour
poucer les fugitifs et d'izoler la ville maleu-

reuse. On ne permit à ces habitans qu'une es-
passe tres serrée, en campagne, pour respirer
un air moins meurtrié. Marseille c'étant confié dans les ressourses journaliaires de son co-
merse manquait pour lors des provisions le plus
nésessaires, et le traisor de la ville, peutètre
par effet du *sistème*, contenait seulement très
peu de numérères. C'est les villes voisines qui
ce chargèrent de l'allimauter avec toute la pré-
cocion que leurs propres saluts demandaient.
Ce genre de cecours ne manqua point à ce quil
parait, mais le gouvernemant tout seule-eut
put l'etablire dune manierre reguliaire qui, non
seulemant aurait eloignée la disète; mais la
crainte de l'epprouver.

CVIII. *Suite.*

Le fléaux rédouble chacun des jours en fureur. Cents milles persones ce craignant, veulent se fuire; et elles se rancontrent tout partout. Les liens le plus sacrés sont cassés. Tout
un chacun qui languit est déjà repputé come
malade; et tout un chacun qui est malade est
regardé mort. L'on échappe de sa propre mèson dans laquelle quels que parans randent
l'ame, on n'est pas ressu dans aucune autre.
Les hopitals sont conbles; la mort les vuidant
dans linstant, ils sont combles de recheffe.
Dans les comansemens on avait choisit d'antèrer les mors la nuit, pour quoi l'atrait dune

forte reconpanse avait engagés les ouvriers le plus pôvres de ce charger de se soin périieux , mais lorsquil mouru plus que milles persones par jours, et que quasi tous les ouvriés et les plus misérables homes furent disparu, vous vîtes le comble des horeurs. Des milliés de cadavres étaient répandu ou tassé sur les rues avec des tas de meubles et de vètemant. Parmi l'epouvante général, voila que de grandes et héroyques ames se dévouäirent et se résolurent a vivre insessamant dedans tous les goufres de la mort pour sauver, consoler, remmener aux devoirs de la nature, ou bien aux espérences de la religion ce qui restait parmi leurs consitoyens. Estelle et Moustier deux échevains de Marseille esposèrent plus souvent leurs vies dans quels que mois, que dans le cours de plusieures campagnes le guèrier le plus intrépide ne peut le faire. Ils veyaient sur tout : ils fesaient ariver, ils distribuaient les danrés et présidaient pour les enlaivemens des cadavres. Quelles orribles convoits! C'est des forsats qui amassaient et getaient en de profondes fosses les corps des victimés par la paiste. Ils en étaient contrains par des soldats conduis par Estelle, Moustier, et un intrépide oficié; savoir : le chevalié Rose. Aucuns forsats ne survivaient après cette tâsche. On en fournissait quatievint chaque semène. Le comandant des galaires ésitait auparavant que de les envoïer a

une mort tant assuré. Chaques instans de delais ajoutaient, vu le tassement dês cadavres,
une paiste nouvelle avec celle qui déjàinfestait
la ville.

CIX. *Suite.*

Il falait quun home de grande autorité entre à Marseille pour faire que tous les ordres
soient pressis et absolus. Le chêfe d'escadres
Langeron ayant ressut avec joie le comende-
ment de Marseille du régeant, sa prézance
fit déja cesser lannarchie, un grand mal qui
acroissait tous les autres. Etant fairme et infléxi-
blé dans les mesures quéxigeaient le salus de
tout ; et compatiçant pour chaque des indi-
vidus, il fit farfouiller sous la terre et sous des
épais bacetions pour établir de beaucoup plus
profondes fausses que celles que lon avaient
creusé jusquici. Il empécha que la contagion
roule sur les eaux, faisant défence de jetter
dedans les morts ainsi que les éfets infestés ;
desquels il débleya le port. Lévesque Belzunce
de Marseille se joignait avec le comendant Langeron, les échevains Estelle et Moustier, le
chevalier Rose. Il s'aprochait des mourant qui
sétant couché sur la rüe étaient des obgets
d'orreurs à leurs plus près parans. Il ordonait
des piosessions espiatoirs, auxquelles lui même
il marchait en tête du peuple ; piés nuds et
corde au col. Inspirant de son courage le petit

nombre que ce fléau avait épargné de prètres ;
entrant à tout heure de jour come de nuit aux
hopitans ; il y trouvait que les filles pièuses qui
ont mission pour garder les malades, les mou-
rans et morts, etaient fidelles a leurs postes.
Il mèla les prierres au moïen desquels il ten-
tait a flechire la céleste colére, avec des for-
mulles et sérémohies qui produisaient au moins
pour effets de faire reluire quelles qu'espérences dans un peuple éperdus, il éxorsiza la
la paiste. Presque tous les medecins de Marseille étaient péri ou enfuis.

Le 26 de septambre un nouveau maleur parut pour ainsi dire oter aux Marseillais leur
dernière espérence. On avait travayé sans se
relacher pour construire une hopitale isolé
hors des quartiers peuplés de la ville ; lequel
était dans un lieu nommé *le Jardin du Mail*,
édifice qui touchait vers sa fin lorsquun des
vents de nord les plus furibonds lui brisa ses
charpantes et ses toitures, lequel coup de vent
cependant fut un salut pour Marseille, chas-
sánt (en se prolonjant) les vapeurs paistilan-
ciéles. Le nombre des morts ce diminua, mais
la contagion qui était resselée dans les meuble
et les vaitemans, malgré quelle avait ralanti,
victimait encor un grand nombre de persones.
Elle ne cessa totalement que le mois de juin
de 1721.

CX. *Phrases détachées.*

Cet élégie que le publique a daigné honoré de son suffrage n'est pas le seule que j'ai composé. — La pluie est tombé à verse tout l'hiver passé. — Vous ne me sortirez pas cète idée de la tête. — Je serai succedé dans mon emploi par un home de haute capassité. — Cherchez dedans les livres de la bibliotèque les trois nouvellement reliés et aportez moi les. — Je vois parce que vous venez de me dire, que vous êtes disposé de faire quelques choses en ma faveur. — Je n'ai point sorti aujourdui, rapport que j'ai eu beaucoup des affaires. — Quant j'ai apris qu'on lançait un feu d'artifice sur le pont de la Concorde, j'y suis couru, mais j'ai arivé trop tard. — Il n'est aucun de vous qui m'ayez procurer quelques satisfaxions. — Tandis que vous serez avec une telle irritacion dans l'esprit, vous ne serez pas susseptible de m'entendre. — Je parirais que ce sont nous qui arivrons les premiers. — Je comance à oublier tellement de lire le grecque, quà tous instans je me trouve embarassé. — Les filoux lui ont fait se mettre a genou et lui ont depouillé tous ses bijou. — Darius roi des Persans fut vaincu par Alexandre. — Il m'a doné une chiguenaude dont je me sens encore. — Croyez vous que je m'avancerais aussi loin si je n'étais certain de réussire. — J'avais pourtant defandu qu'aucun du vous ne sorte de la maison. — J'ai, près ma cuisine un office très spatieux où sont resserré toutes mes provisions de tables. — Le nacre de cette boëte a cures-dent est fort brillant. — Voyez donc come cet arbre est mousseux. —Un coup de chassemouche a couté chere au dé d'Alger. —L'année scolaire, non comprises les vacances, est de dix mois. — J'ai à trois mille de Londres une propriété que mon père avait acheté en mille sept cents quatrevingts ; j'y occupe cents vingts ouvriers qui me coutent trois cent francs par jours ; mon revenu anuel est de trois cents mille francs. — Conseillez donc ce jeune étourdit de metre un terme à ses folis. — Reculez vous un petit peû en arrière, ou vous me forserez malgré moi à vous repousser avec ma crosse de fusil. — J'ai reçu une lètre qui portait la souscription suivante : a M. Bernard home de loix. — Croyez-vous que les minuit aient sonnés. — Nous avons convenu hier au matin que nous ferions de la musique cejourd'hui.

CXI. *Sur la guerre.*

De tous les maux désolans lespesse umaine la guerre est sans contredire la plus funeste aux états qui sont ravagé par elle. On n'en finirait pas à vouloir calculer même par aprochant l'imense quantité d'homes quelle a moiçonée en France depuis un demie siècle. Quelle

prospéritée ou plutôt quel profis avons nous
retirés de cette mani de conqueste que Napo-
léon avait sue inspirer au peuple Français. Nos
bornes et limites on t'elles ressues d'elle quelle
qu'extencion , ou du moins on t'elles concer-
vées celle ressues : nos relacions comerciales
ce sont elles amméliorré d'avantage, et nos
propriétées ce sont elles augmanté en valeur.
Et cepandent qui pourait imaginé quelle foule
de gens c'est lessé et ce lesse ancore aujourdui
séduir par un vain phantome de gloire et
d'honeur nationaux. Quelque sont les raisons
que l'on leurs a faites valoir en faveur de la
tranquilité public ; quelques puissant que sont
les argumans que lon a oposé à leur sistème
dévastateur ; et quels que peu nombreux que
sont les motifs sur lesquels ils se prévaillent
pour établire leurs opinion ; ils ne persistent
pas moins en soutenant que la guerre soit dans
la circonstance du moment la partie le plus
couforme avec l'intérêt du païs. Nous ne pré-
tendons pas éxaminer ici cette question sous
son raport politic ; mais par raport aux ré-
sultats materriels que resoluc par afirmative
elle antrainerait. A combien de maleurs domestics ne serait t'on pas esposés en cas dune
invasion étranjère. Combien nen a ton pas
soufert lorsque le teritoire a été deja envailli
par les armés alliés. Le peu de villes qui n'a
point eu de quoi se pleindre de leurs présances

s'est vu d'un autre coté acabler d'impots énor-
mes qui n'ont pas laissés que de diminué con-
sidérablement les resources de leurs abitans.
Que de milions ses guères ont coutés à l'état.
Que de familles se sont vu priver de leur sou-
tien: Que d'enfans ont eus à regrêté un père,
que de seurs un frère, des fames un mari. Plut
à Dieu que notre France chérit n'aye plus à
deploré de telles desastres et que a labri de
toutes craintes pouvant troubler sa tranquilité ; elle puisse enfin vivre en paix sous le règne des loix ét jouir des institucions quelle a
payé au prix de son sang.

CXII. *Zénobie, reine de Palmyre.*

Cette reine dont les talans ainsi que l'audasse, la fortune ainsi que la gloire et les maleurs l'ont randue imortelle, joignait tout le
charme d'un sexe avec la forse d'un autre sexe,
majestueuse dans sa taille, régulierre dans ses
traits, elle était, dans son regard, douce et
plaine de feu, ses dants avaient un éclat tel
que la perle Orientale n'en avaient pas davantage, elle était brune de teint mais animée,
sa manificence en parure la rehaussait en bau-
té, aimant le faste elle voulait que sa cour éga-
lise celle aux rois Persans par sa splandeure.

Sa singularité à s'habiller répondait à celle
qu'avait son caracterre : mèlant avec les ornemans de femme le luxe des guerriers, sa robe

étant couverte avec une cote darme qui était
anrichie par des pierries, son diadaime étant
autour d'un casque, elle vous conbattait ensamble
avec les soldats, bras nud et glaive en
main; souvant on lui vit soûtenire étant sur
son cheval les plus longues fatigues et marcher
plusieures mille étant à piés en tête de ces
trouppes. Les modelles dont elle se servait,
c'étaient Didon, Sémiramis, Cléopatre. Fermetée
de comandémant, courage pour les revérs,
élévassion de santimant, assiduitée pour
travailler, dissimulacion pour la politique,
audasse n'ayant point de freins, et ambicion
n'ayant pas de bornes, étaient les défauts et
qualités de cette célèbre famme, réunissant en
soi toutes les vertus avec tous les visses des
hérots, et ne montrant point une féblesse de
celles de son sexe. On la vantait en chastelée
come en courage, n'ayant connue en fait d'amours
que la gloire. Mèlant la dousseur à propos
avec la cévéritée et étant prodigue en or
et en honeurs vis a vis ceux qui lui servaient
dans ses desseins; elle égala l'habilleté des plus
grands d'entre les Roix. L'amie des lettres,
elle honora par sa confianse et prodiga les
faveures aux sélèbre Longin; lequel a trouvé
souvant dans le genie de celle ci le modelle du
sublime quil nous aprit à conêtre et deffinire.

CXIII. *Phrases détachées* (Participes).

Labsance de ces roses que vous avez laisser cueillire privent ces platebandes de leur
plus belle ornemant. — Les vers que vous avéz
fait faire par votre frère ne sont pas aussi bons
que ceux que vous avez fait vous-même. —
Ces anfans apres sètre laissé tomber dans la
boue ce sont vu accabler de sarcasme et ce sont
entendu dire mille injures, par ceux mème qui
ce sont anpiessé de venire à leurs aide. —
Vous ne saurié croire combien nous nous somes donés de peines, et combien de dégous de
toutes espesses nous avons essuïé avant de nous
ètre aquité de la micion, dont vous nous aviez
chargé mon oncle et moi. — Si nous avions
prévu tous les désagrèmans, que nous avons eu
a suporté de la pars des persones que nous
avons eu a diner mécredi dernier ; nous ne serions pas aujourdui aussi contrarié de les avoir
invité, nous les aurions laissé chez elles et
de cette manierre nous nous serions èviter les
malonètetées quelles nous ont fait, et les calom-
nies quélles ont rèpandu sur notre conte. —
Tous les gens que nous avons eu à notre servisse, nous ont concervé de la reconnaissence,
et plusieurs dentreux après ètre sorti de notre
mèson, nous ont proposer de les reprandre,
nous en ont mèmes supplié, disants que si
nous ne les avions pas renvoyé ils ne nous au-

ʇaient jamais quité, et que pour nous prouvé tout le desire quils avaient de revenir chez nous ils consantiraient a y rentré avec des gages moins élevé, que ceux quils avaient demandé, lorsquils y étaient venu pour la premierre fois. — L'ortografe des partisipes lors quon l'a etudié et quon c'est abitué à se randre conte des dificultées quelle présante parait aussi simple quelle a pu sambler conpliquer tant quon ne la envisagé que sous le raport des irégularitées quelle ofre au premier coup deuil. — Ces èleves ont bien profitez des anées quils ont passé au collège, ils n'ont oublier aucunes des choses quon leurs y as anségné, en un mot c'est leure instruxion et non leur pleisir quils ont eu en vue dans tous les differans cours quils ont suivi. — Nous nous somes toujours plu a randre justisse aux homes, qui ce sont fait remarquer par leurs talans, quelques soient dailleur l'opinion a laquelle ils ayent apartenu.

CXIV. *Histoire d'un Conseiller, à qui son Palefrenier rendit sa vieille mule à la place d'une jeune.* (Vieux style.)

Un Conseiller du Palais, avoit gardé une mule vingt-cinq ans ou environ : et avoit eu entre autres un palfrenier, nommé Didier, qui avoit pensé cette mule dix ou douze ans, et l'ayant assez longuement servi, lui demanda

congé : et avec sa bonne grace, se fit maquignon de chevaux, hantant néantmoins ordi-
nairement en la maison de son maistre, en
se présentant à lui faire service, tout ainsi que
si il eust toûjours été son domestique. Au bout
de quelque temps, le Conseiller voyant que
sa mule devenoit vieille, il dit à Didier. Viença
tu connois bien ma mule, elle m'a merveilleu-
sement bien porté : il me fasche bien qu'elle
devienne si vieille, car à grand peine en trouve-
rai-je une telle, mais regarde je te prie m'en
trouver quelqu'une. Il ne te faut rien dire, tu
sais bien quelle il me la faut. Didier lui dit,
Monsieur, j'en ai une en l'estable, qui me semble bien bonne, je la vous baillerai pour quelque temps : si vous la trouvez à votre gré,
nous accorderons bien vous et moi. Sinon je
la reprendrai. C'est bien parlé à toi, dit le
Conseiller, et suivant cet offre il se fait amener
cette mule, et par mesme moyen, il baille la
sienne vieille à Didier pour en trouver la dé-
faite, lequel lui lime incontinent les dents, il
la bouchonne, il la vous estrille, il la traitte
si bien qu'il sembloit qu'elle fust encore bonne
beste.

CXV. *Suite.*

Tandis son maître se servait de celle qu'il
lui avait baillée : mais il ne la trouva pas à son
plaisir, et dit à Didier. La mule que tu m'as

baillée, ne m'est pas bonne : elle est par trop
fantastique, ne veux-tu point m'en trouver
une autre. Monsieur dit le maquignon, il vient
à point : Car depuis deux ou trois jours en ça,
j'en ai trouvé une que je cognois de longue
main : Ce sera bien vostre cas. Et quand vous
aurez monté dessus, si elle ne vous est bonne,
reprochez le moi. Le maquignon lui ameine
cette belle mule au frain doré, qu'il faisait bon
voir. Ce Conseiller la prend, il monte dessus, il la trouve traittable au possible, il s'en
loüait grandement, s'esbahissant comme elle
estait si bien faite à sa main, elle venait au
montoir le mieu du monde : Somme, il y trouvait toutes les complexions de la sienne première, et estait de sa taille, du même poil.
Il appelle ce maquignon. Viença Didier, où
as-tu prins cette mule. Elle ressemble toute
faite à celle que je t'ai baillée, et en a toute
la façon. Je vous promets dit-il Monsieur que
quand je la vis du poil de la vostre, et de la
taille, il me sembla qu'elle en pouvoit avoir
les conditions ou que bien aisément on les lui
pourroit apprendre. Et pour cette cause je l'ai
acheptée, espérant que vous vous en trouve-
riez bien. Vraiment, dit le Conseiller, je t'en
sçai bon gré : mais combien me la vendras-tu ?
Monsieur, dit il, vous sçavez que je suis vostre, et tout ce que j'ai. Si c'estoit un autre il
ne l'auroit pas pour quarante escus : Je la vous

laisserai pour trente. Le Conseiller s'y accorde, et donne trente escus, de ce qui estoit sien et qui ne valoit pas dix.

CXVI. *Phrases détachées.*

Henri IV disait en parlant des vieux ligueurs que la tonne sentait toujours l'hareng. — Vous paressez ètre bien sur de votre fait, quoique cela vous ne me le persuadrez pas facilement. — Cet avare ne songe quà trésoriser. — Je prends Dieu pour témoin de la sinsérité de mes parolles. — Votre sœur est encor loin de recouvrir sa santé, elle est toujours très soufrante. — Je crois que vous restez maintenant près le Jardin des Plantes. — Aimez vous les pomes de calvi blanc mieux que celles de calvi gris? — Cet acteur joue la pantomine au parfait. — Voilà un travail où j'ai consacré des nombreuses veilles. — Quest-ce donc avez vous? Je saigne au nez. — Je tacherai que vous trouviez tout à votre grés. — Mon élève n'a point fait de thême aujourdui par ce quil lui a paru trop dificile. — Chacun d'eux veulent avoir raison avant quils aient donés chacun son avis. — Nous desirons que vous priez Madmoiselle qu'elle chante. — Je n'ai que six infolios dans ma bibliotèque. — Votre ami est un intrépide mélomane, dans la mème journé il a fait des quatuor, des quintetti, des trio, et vu deux opéra. — Vous avez à vos ridaux des grands paters en bronze qui produisent un charmant éfet. — Aujourdui l'on m'a toisé avec le pied droit, mesure ancienne ; et on a trouvé que javais 5 pieds 8 lignes et demis. — Le chardronet est un des plus jolis oiseaux que je connais. — Nous desirerions que vous en disiez quelque mot au jeune home. — Il me tardait que vous soyez arivé pour vous faire part au sujet dun projet que jai consu. — Cette soupe parait bonne, elle est couverte d'yeux. — Nous ne devons pas être ni egoistes ni interressés. — Il le fera moyennant que vous l'en priez. — Au combien du mois est ce que nous sommes? — Les coffre-forts doivent etre construit solidemant peur des voleurs. — Veuillez vous sucrer avant que je vous verse le caffé. — Je consens que vous preniez à Noel deux jours de conger. — Le tribunal de police corectionèle a condané l'acusé eñ trois jours de prisons et deux cent francs damande. — A quatre vingt ans on se souvient dificilement des petites contrariétées eprouvés dans ses jeunes anées. — L'on dit que lon va construir un nouveau pont dessus la Seine.

CXVII. *Xerxès passe l'Hellespont.*

Lorsque larmé fut assemblé tout le long de la cote de l'Hellespont ; Xerxès se fit plasser son trone tout en haut dune montagne pour jouire orgueuyeu'sement du spectacle de ces vessaux

couvrant la mère et de ces troupes inombra-
bles surcharjant la tère. Puis ensuite tout dun
coup le voila qui versa des larmes en torrants,
pansant que de tant de milliës d'homes, dans cent
ans pas un n'en resterait. Son oncle Artabane
pour lors lui dit : « Les rois, au lieu que da-
bréjer la vie dès homes (puisquelle est tellement courte.) par tant de guères injustes et
inutilles, devraient la rendre eureuse. — Et
quoi replica Xerxès, voyant tant de forces
est ce que vous doutez encore sur le suxès de
cète entreprise ? — Oui, répondit Artabane,
deux craintes mocupent sans sesse par dessus
toutes : lune vient de ce nombre si inombrable
de soldats qu'aucuns païs ne pouront les nou-
rire ; l'autre est causé de cète quantité immen-
surable de vessaux qui nulles parts ne ran-
contreront des ports assez vastes pour les y res-
sevoir et pour les y abbriter. » Il dona ansuite
baucoup de sages conseilles au Roi, come en-
trautre de ne pas emploïer a cette guère les
Ioniens dont l'origine Grèque devait inspiré
une juste défianse sur eux.

Xerxès n'en suivit point les avis, mais le
combla avecque des marques d'onneur ; et partant il le laissa avec le gouvernement de
l'ampire.

On fit construire un pont de bateaux sur
l'Hellespont que l'on nome aussi le daitroît
de Gallipoli ; lequel pont dun quart de lieu

en long ayant été brisé dune violante tampète, furieux, Xerxès comanda que lon done trois cent cous de fouette a la mère et que lon y jète dedans des cheines en fer. Il lui disait en ces imprécassions : Perfide élaimant ton mêtre te puni a cause que tu l'a outragé : mais bon gré malgré que tu résiste; celui-si saura bientot traversé tes flaux. »

Les entrepreneurs du pont ayant eus par son ordre la tète coupé il en fit construir deux autres, l'un pour larmé lautre pour le bagage ; lesquelles étant achevé on les couvrit avec des fleurs et puis des branches de mirthes. Xerxès ayant fait des libacions, et des prierres au soleille ; jetta un simetère, des vases et des coupes en or dans la mère. Il traversa finalement au dela de l'Hellespont dont le passage lui en dura pendant sept jour quil mit à le passer.

CXVIII. *Caractère de Totila, roi des Goths.*

Procope istorien partizan des Grecs, ayant écrit son istoire apres que Totila fût mort et par consequant nayant aucunes raisons pour le louer contre la vérité, parle dans plusieures androits de telle manière sur les axions de ce roi barbarre quà peine si on pourrait trouver entre les antiques héros des histoires Grèque et Romaine un quelqun qui pourrait être préferré à lui. Il sut joindre si bien la vigueur et

la fermetée du gouvernemant avec lumanité
et la clémance ; la dexteritée et lactivitée dun
ministre avec la bontée dun prinse bienveyant ;
qu'il est malaisé que l'on se garantisse dindi-
gnacion , lisant les invectives que de sertains
ecrivains ont concigné dans leurs ressits relativemant à la nacion des Goths et Totila lequel
ils qualifièrent d'un barbare et dun tiran. Le
soin que celuici au milieu des agitassions de la
guère et du boulvèrsemant du gouvernemant
se donna pour ancourager les travaux des agri-
culteurs, les ordres quil donna pour regler les
inposicions et laisser aux propriétaires la part
des fruits qui leurs étaient du, ses lettres quil
ecrivit aux Romains auparavant que de mètre
le siège devant la ville, font que nous voyons
quil antandait au parfait la rèson détat et le
droit des gens. Si on fait attention de quelle
réserve charitable il usa vis a vis les Napoli-
tains, afaiblis et pressés de la fain après leur
ville prise, à seul fin que ceux ci ne sexposent
pas (se gorgeant tout d'un coup avec des ali-
mans trop abondants,) à une mort sertaine, et
à la moderation de laquelle il fit lui même
preuve, la comandant aussi a ses trouppes a
locasion de la conquaite dune ville, et des victoires quil emportait, si surtout l'on les met
de paralèle a coté des cruautés et estorcions in-
suportables par lesquels les Grecs victimaient
les villes même qui avoient suporté des longs

sièges par interret pour l'ampire, l'on sera
convincu que si le destin de l'Italie avait permis que Totila suxède imédiatement après Théodoric ou la régeance d'Amalasonthe, il eut mis
cette provinse en une telle situacion que les
Italiens n'eussent eus aucun envi de se changer de maitre.

CXIX. *Phrases détachées.*

Quel ne fut pas mon désespoir et mon ré-
pentir quand j'ai apris le malheureu resultat
de la spéculacion que votre frère avait fait, sur
mon conseil. — L'homme ainsi que tous les
animaux ont été créés par Dieu. — Jaime
beaucoup avoir sur ma cheminer des roses mou-
ceuses, et des roses couleurs de chairs. — Dès
la premierre fois où jai vu ce jeune home ; son
aménité, sa douseur mont charmé. — Il ni a
que les enfans dénaturés, à ètre ingrats vis a vis
de leurs parans. — Ce jeune home déclame avec
un sentimant, une chaleur étonans. — J'ai
une très grande nouvèle à vous faire part, mais
pour cela il faudrait que vous veniez me voir
come vous mavez promit. — Comment, vous
ne faites encore que comancer de lui aprendre
à lire. — Nous devons le respect aux persones
plus anciennes que nous. — Tu trouverras sur
ma comode un sac de dragées, va en chercher,
et offre en à ces dames. — J'ai perdu tout,
fortune ; amis, parens, il ne me reste plus

que de mourir. — Je me suis en allé de chez
lui avec intention de ne plus revenir. — Croyez
vous par hazard que je pourrai remedier cet in-
convéniant. — Le dernier livre que je lus l'an
passé etait les *Mémoires de la duchesse d'A-
brantès*. — M. *** mon ancètre a été ennobli
sous le règne de Louis XIV. — Arrevoir, mon
cher, je vous attends ce soir pour huit heure.
— Crainderiez vous que je ne sois trop satisfait de vous. — Que j'ai donc du plaisir à m'en-
tretenire avec vous? — Vous êtes un paresseux,
vos pères et mères m'ont écrit ces jours passés,
et je n'en ai pas encore reçue de vous, — Les
douleurs que je souffre ne sont rien auprès de
celles que j'ai souffert dans la dernière maladie que j'ai fait. — J'aimē entendre les mili-
taires jouer de la trompette, et batre du tambour. — Si vous croyez avoir droit de min-
vectiver, je ne crois pas moi devoir vous
le doner. — Je n'imagine pas que cète piesse
vale la peine dètre vue. — Ces deux dames sai-
ment au point que l'on dirait quèlles ne fissent
qu'une. — Je compte d'arriver tout dun coup
pour surprendre mes parens qui natendent
pas de me voir revenir aussi tot. — Sachez
suporter votre sort sans montrer de la faiblèce.
— Ce jeune home est l'un de mes parans, je
lui suis cousin germain. — Votre casquette
ressemble à un bonnet dévèque et la sienne un
bonnet davocat.

*8

CXX. *Mort de Whasington*.

Peu de tems avant que de mourire Whasing-
ton ayant fait aporter ses manuscris, secria,
« Voilà les meilleurs amis que jai eu dans le
monde, si du moins le nom d'amis se raporte
a ce qui nous a fais le plus plaisir, nous a fait
le plus fidellemant conpagnie. Jai trouvé, de
la douceur en les faisant, de même en les per-
fexionant, de même en les lisant, et en les
voyant j'en trouve ancor. Un jour, depuis vingt
ans, n'a point passé où je n'en ai changé ou
ajouté quelques choses. Ne voulant pas que ce
qui ma couté si chere passe a dautres mains
qu'aux miennes ; qu'on maporte du feu. » Ses
amis surpris par son dessin et balansant de
le satisfaire, il leur temoinia fort amairemant
être offansé par ce refus, et reprit ainsi,
« Quoi, vous m'otez le droit que je dispose de
mon ouvrage. Vous me refusez ce que mourant
je demande comme seule consolacion. Apre-
nez que la justisse, si elle moblige de laisser
a mes survivans mon heritage, l'ayant reçu de
mes predésesseurs, me permet d'anporter ou
de faire perire en même temps que moi ce qui
na pas de relation à personne, enfin qui ne
doit son ètre et d'avoir pris naissance, qu'à moi.
En étant le maitre absolu, come le roi est
celui de ma fortune et le ciel celui de ma vie,
je me pleindrai jusquaux derniers soupires

(si peu que ma volontée ne soit pas éxécutée)
de la violance à moi faite. » Prononsant ses
paroles, étant beaucoup agité, il sèrait ses
livres entre les bras, ne voulant pas permettre
quon lise même leurs titres ; et protesta de ce
que rien nétait assez capable pour lui faire
changer sa résolucion. La crainte de lui avan-
cer la mort dont il ne paraissait pas pourtant
quil était éloigné, lenporta sur le regrais que
lon avait à lui obéire. Ces manuscripts furent
dévorer dans les flames et il mourut contenté
quelques heures après cela, ayant cinquante et
deux années d'age dont il en avait anployer
plus que vingt et cinq dans létude la plus ob-
stinée. Son assiduitée etait constante pour le
travaille au point de sambler promètre les plus
heureuses produxions au publique, mais on
aprit sa mort en mème tems que de quelle manière il avait disposés relativemant aux fruits
de ses veillées.

CXXI. *Phrases détachées.*

Les bouteilles en ver sont trop casuel pour
le vin de Champagne. — Voila des poires dune
bonne acabie, m'est avis que c'est du Missir-
jan. — Votre âme a perdue ce courage ; cet
énergi qui lanimaient autres fois. — Je ne regrète pas les quatrevint louis que mon cheval
ma coutés, je ne le donerais pas aujourdui pour
quatrevint dix. — J'avais invité vous et votre

frère, mais ni l'un ni lautre nest venu, c'est
de ce manque dégard dont je crois devoir me
plaindre auprès de M. votre père. — Un autre
fois tachez que vous veniez plus à bonne heure.
— Cet home est avare au possible, ne donne
jamais aux pauvres, ne fait pas le moindremant
de dépense chez lui, en un mot mérite tout
a fait la qualificassion de vilain home. — Que
vous ai je fait pour ataquer ainsi ma réputacion. — Aussitot mon droit terminé, je partirai habiter ma ville natale. — Au lieu que
vous cherchiez à reparer avec l'étude le temps
que vous avez perdu en néglijance, vous continuez d'aller de mal enpire. —Je croyais cependant que vous en agiriez mieux à légard de
moi. — Vous avez d'avantage du gout pour les
plésires que non pas pour le travaille. — Je
nai pas le temps de vous entandre aujourdui,
retournez me voir demain. — Je ne doutais
pas que vous vienderiez au bout de cette entreprise, seulemant j'aurais desiré que vous y
mettiez un petit peu davantage de zèle. — L'a-
pologue que nous avons entendue lire ce matin vous a t'elle fait du plaisir ? — Je viens
darèter un nouveau logemant et de donner au
portier le dernier adiqu. — Quélle fortune
que vous ayez, vous nêtes pas moins l'égal aux
autres homes. — Taisez vous de peur qu'on
vous impose le silance. —Donez moi une chaise,
si vous voullez que je puisse ateindre ce ta-

blau. — Voilà un home qui dans sa jeunesse a fait bien des bamboches. — Cette potion ma fait bien du bien, je conservrai son ordonance. — Nous somes arivé a lendroit où l'istoire est la plus intéressante. — Les philosofes batissent eutopie sur eutopie, sans sarèter sur rien dè positif. — Quand nous avons arrivés, nous avions très faim et tres soif. — Cette rose est toute aussi belle que si on venait de la cueuillir, elle n'est mème pas encore toute épanouie. — Je suis passé ce matin chez mon avocat et ne lai point trouvé. — Ils se sont dits des injures et se sont ensuite embrassé lun et l'autre. — Avec le caractère dont vous ètes, Madame, si vous faisiez partie dans l'armée vous seriez une véritable foudre de guerre.

CXXII. *Lettre de Lekain à un jeune homme qui lui avait demandé des conseils sur l'état de comédien qu'il voulait embrasser.*

Paris, ce 29 novembre 1777.

Il est pour moi de tout impossibilité, Monsieur que je segonde vos projets sur votre nouvelle établicement; par toute sorte de raizon. La premierre et la plus forte, sans doute, c'est que la vie privé, que je menne aujourdui ne permettrait ni que je vous guide en cette carierre; ni que je vous donne les instructions nesessaires à vous y conduirre. La segonde;

que je n'aie jamais conseillé un jeunomme bien
né de quiter aucun état quelconque pour se
faire commédien. Selui qui sent être né pour
l'être ; suit son impulcion naturèle et ne demande conseille de qui que se soit, mais selui
qui n'as que du gout dans cette art si difficul-
tueux, si rare et cruèlement avilli ; doit se faire
des reflections bien cérieuses a loccasion dune
dèmarche, de laquelle deppendent uniquement
le bonneur ou bien le maleur de sa vie.

Ce n'ait pas à moi ; Monsieur, de vous les
faire faire : car je ne mérige point come men-
tor de la jeunesse ; ce sont a vos amis, ce sont
a vos parans les plus experrimentés auxquels
il apartient de vous guider, ou vous aréter.
Vous paraissez être trop honète ou trop intè-
ressant pour ne pas vous parler avec toute ma
franchise, deignez donc, Monsieur, mètre
quel qu'interval entre ce proget, et son éxe-
cution. Vous ne voyez seulement que les fleurs
de cette état charmant : mais vous en mécon-
naissez les épines. Qui plus que moi à été piqué par elles, et cependant, on me donne
quelques réputations. Jugez comme en doit
être mal traité celui qui court apprès la gloire,
courant risque de ne la pas ateindre jamais.

Il y a cependant moyen d'y parvenir, c'est
selui de limpudance, et de léfrontrie : et vous
ne me samblez pas fait pour mètre a usage lun,
et lautre. Voici, Monsieur, ce que mon estime

de votre personne me suggére ! Je vous parle comme je parle à mon fils ; et je vous laisse a la reflection. Agréez cepandent les assurence du respec profont avec lesquelles jai lonneur détre bien cincéremant votre très humble et obéissant serviteur.

LEKAIN.

CXXIII. *Phrases détachées.*

Dieu ne veut pas qu'on convoitise la fortune à son prochain. — Il y a long-tems que vous avez mis la main à la plume pour me doner des nouvelles de vous. — Faites lui souvenir de sa promesse car il serait home qui loublirait. — Votre convalescence touche son terme, et je ne doute pas que quand vous serez sorti vous vous en trouverez fort bien. — Le porte-épique est un animal de lespèce de l'hérisson. — Allez moi chercher mes livres et cahiés. — Nous devons honorer les mânes glorieuses des héros qui ont mouru pour la patrie. — Quoiquon ne doit envier persone, je porte envie a votre bonheure. — Il y a eu entre nous un mésantendu. — Les bouteilles qui ont un gros cou sont plus comodes que celles qui l'ont étroit. — Le luthérianisme est une religion fondée par Luther. — Prenez garde de ne pas tomber en descendant dans les escalliers. — Un jour, en promenant le soir au Luxembourg, je me rencontrai avec un home qui me pria de lui tenir son enfant sur le fond-batismal. — Je crains que mes fauteuils s'abiment pendant mon absance, je vais leur mettre des houces. — Cette maison est très spacieuse et rien n'aproche d'elle pour la comodité de ses apartemens. — Le flot qui l'aporta recule épouvanté (*Racine*). — Vous crassez singulierrement le collet à vos habits. — Est il possible que vous êtes assez indulgent de croire que ce jeune homme se répente un jour de sa conduite. — Laquelle est le plus avancée dans ses études, de votre sœur ou de vous, et de laquelle de vous deux est ce que la maitresse est la plus contante. — Je ne prétends pas à vous tourmenter, mais je ne veux pas non plus lêtre par vous. — Je crains de venir poulmonique, tant que j'ai du mal a la poitrine. — Vous n'avez pas tant de raison que de bonsens. — Il cachete toujours ses lettres avec des pain-à-chants. — Il y a long-tems que l'Espagne a déchu de son anciène puissance. — Cette femme est une véritable laidronne.—Quand il vous fit cet afront, vous en avez bien agi en ne lui y repondant pas. — Pourquoi a t'on placé un sentinelle à votre porte. — Le médecin ma ordonée que je prène pour mon rume du réglisse anizé. — Athènes présentent encore de belles décombres.

CXXIV. *Lettre d'un père à son fils.*

C'est à vos pacions mon fils, a qui je m'a-
drèce, mais non pas a vous, toutes et quantes
fois je vous écris que vôtre conduitte est reprimandable sous plus dun raport. Les def-
fauts dont je cherche envain depuis tant de
temps de vous corigé je les ai toujours atribué
plus tot a la fougue de jeunesse que non à la
méchancetée de votre cœur. Les soins que je
me suis donné de votre éducation la louable
émulation dont j'aime reconaitre que vous les
avez payé ; finalement les preuves de soumi-
cion, et dobéiçance, qu'obeissant aux inspira-
cions de votre naturel heureux et peutètre
aussi de votre tendresse envers votre père dont
il avait le droit de s'en flatter alors, vous me
donnates dans votre enfence; toutes ses con-
cidérasions sont pour moi des raisons pour que
je ne doute pas de ce que votre manière dagire
actuèle soit le maleureux résultat des movais
conseilles avec lesquelles on n'a environé votre
inespériance. Mais tout en même tems qu'il me
plait de randre homage a vos qualités perso-
nèles, s'est aussi mon devoire que vous obcer-
ver que le contacte habituèle avec le visse ne
tarderait pas de les corompre prontement, et
que malgré que je vous ai donné beaucoup de
bons conseilles et malgré que votre educacion

m'a coutté de grands sacrifices, peu de mois
passé dans le libertinage suffirait à vous dégra-
der aux ieux des gens de bien et bientot a vos
ieux a vous mèmes. Vos lièsons telles quelles
soient et tel nom quon puisse leur doner doivent ètre rompu sur le chant ; a moins que
vous vous soussiez peu daquérir la jouissance
d'une mauvèse réputacion. Je ne mopose point
a ce que vous ne voyez les maisons auquels je
vous ai doné des lètres de recomandation auparavant votre dépar, mais je vous ai déjà observé que les jeunes gens que vous voïez malgré que je vous l'ai deffandu espressémant,
bien qu'ils ne sont pas encore des libertins
fiet faits, ont cependant dès aprésant tout ce
qui faut pour les devenire, et vous seriez inpardonable si en mépris de mes conseilles vous
persistiez de vouloir n'agire que come vous avez
fait jusqu'ici. Croyez mon fils, non seulemant
que je suis instruit sur toutes vos axions ; mais
qu'encor je conais mot a mot tous les discoures
que vous tenez ; prenez garde a ce que ceux
dont vous contez davantage sur lamitié soient
peutètre les premiés qui vous trahissent et qui
méclaircissent votre conduitte. Je termine par
vous avertir de ce que c'est ici la dernière lètre
où je veux bien me contanter de vous appreu-
dre mon mécontantemant par des avis simples:
faute de réucir par cette voix je saurai coment
avoir recour a des plus énergiques moyens ; et

faire de mon autoritée lusage que j'en dois.
Adieux.

CXXV. *Phrases détachées.*

Je ne me rapèle de lui avoir antandu vous
dire rien qui puisse choquer lamour propre à
l'home le plus susseptible. — Je vous traite
cent fois mieux que vous ne méritez l'être. —
L'étude des langues grecque et latine présentent
environ les mèmes dificultées. — Si vous agis-
siez diféremment de cela, vous seriez impar-
donable. — Les lunettes a temples sont de
beaucoup plus comodes en comparaison avec
celles qui ne tiennent que sur le nez. — Cette
requete a t'elle été repondue favorablemant.
— Nous vivons sous un siecle ou la coruption
des mœurs y est au comble. — Celui-là qui
pousse loubli de ces devoirs jusqu'au point quil
manque à ses pères et mères, s'atire sur lui la
colerre de Dieu et le mépris des homes. — Les
parois à ce vase sont extraordinairement éva-
sés. — Du caractère que je vous sais, je ne
me hazardrais pas de vous dire quelque chose
qui puisse vous déplaire. — Pour ne pas aper-
cevoir la longueur du temps, il n'est rien tel
que s'ocuper. — Peu s'en faut que vous ayez
perdu la vie dans ce combat. — Vous avez là
un vraiment manifique apartement, votre salon
surtout est supérieurement meublé. — Si ce
n'est point eux qui ont causé ce dégat, ne

serait ce pas ces méchans enfants. — J'ai l'ouie
tèlement fin qu'on ne peut rien dire sans que
je ne lentande. — Le ministre a présenté au
roi plusieurs travaux remarquables, dont un
est un raport sur la situacion du pays. —Quand
sa maladie ariva a sa dernière période, le soleil venait de terminer la sienne. — C'est Ver-
sailles où je vas, mais c'est Paris où je dois
me fixer mon domicile. — Quel domage que
vous nétiez pas avec nous à ce bal, vous vous
y fussiez bien diverti. — Je croyais que celte
demoiselle fût châtaine, mais elle est blonde.
— Le choléra est une maladie dont on a rien à
faire pour la guérison. — Vous etes la seule
personne en laquelle j'ai de la confiance. —
Comme nos énemis sont nos frères en J.‑C.,
nous somes obligé de les aimer. — Ce ne sont
point ainsi quécrivaient les Rousseaux et les
Voltaires. — En Amérique l'on trouve beaucoup de femmes mulatresses. — Vous n'aviez
point alors aquit le dégré de force auquel vous
avez parvenu depuis. —Veuillez me doner un
essuimain et un curdent. — Cet home va suconber au poids du fardau dont il est chargé ;
aidez le à le déposèr par terre.

CXXVI. *Politesse des voleurs anglais.*

Un paire d'Angleterre qui revenait un jour
de dedans ses terres à Salisbury, étant seul,
dans sa voiture et son domestique qui cour-

rait devant étant fort éloigné, deux homes se
présentère le soir sur le gran chemin, qui or-
donèrent au postillon de s'arêter, et fesant
milles escuses au Lord dinterompre un moment
son voïage, le prièrent pour quil leurs donne
de largeant, mais déclarèrent (disant quils
nétaient pas assez insolans de taxer un home
de son ran) quils seraient contans de ce qui
lui plairait leurs doner. Le lord leurs pré-
santa une grosse bource de jettons en cuivre
quil avait par hazard sur soi, que les voleures
prirent sans l'ouvrire et lui firent milles re-
mersiemans. Le lord réflèchiçant sur le présant qui en était l'objet, ayant du remors de
trouper des brigans qui étaient aussi polis, et
sédant a ses scrupulles, crut qu'il était obligé
a repondre a la confiance dont ils lui témoi-
niaient, les rapela au moment qu'ils se reti-
raient, leur redemanda sa bource leurs faisant
voir ce qui y était contenu et séxcusant milles
fois pour avoir voullu les trompés, leurs pré-
santa tout largeant quil avait sur soi, que les
voleures axeptèrent, élevant jusques àux ciels
la justisse; probitée, et honeur du Lord, duquel ils prirent leur conjé, donant généreu-
semant une demie guiné au postillon pour
reparer en poussant ces chevaux le retard que
cète sène avait portée au voiage du lord.

Une dame qui est ataqué sur la route de
Londres par des voleures qui la depouillent de

tous ses bijous avecque partie de ces vêtemens, demande en grasse de lui laisser une bague quelle a reçu de sa mere en mourant. On entend au moment quel que bruis qui fait craindre les voleures de se voir surpris ; le chef de ceux si n'a que seulemant le temps de demander de cette dame son adresse , avec promesse de lui rapporter sa bague. Ce qui fut dit fut fait, car le lendemin un home bien mis se presante a son autel , et s'étant faît conduirre dans son apartemant , « Madame dit-il voilà la bague que vous avez demandé hier quon vous remette et à laquelle vous teniez beaucoup , mais pour une autre fois quand vous voïagerez ne soyez pas si imprudante que de vous chargé dun bijou dont vous pouriez regrèter de l'avoir perdu. » Cela étant dit aussitot il disparut sans que la dame encore toute interdite par cette brusque aparution ; ait songé de le faire arèter.

CXXVII. *Phrases détachées*

Le chapitre quatrevingts de ce livre est celui qui m'ait amusé d'avantage. — Y a t'il rien plus désagréable qu'un home rancuneux. — La jalousie et lorgueille est un défaut que l'on doit soinieusemant eviter, l'une et lautre n'est propre que pour mètre la division dans la sociétée. — Il y a des persones qui dorment les yeux et la bouche ouverte. — La présance du roi m'en a tellemant imposé quil semblait en le voïant que j'étais paralisé dans tous mes manbres. — Les mandians vont nus pieds et les flateurs nue tète. — Nous partirons à la chace vers dix heure au matin. — Faites atten·tion comme il y a de la poucière à l'antour de votre chapau. — Avant que de vous arèter pour un parti, vous devez délibérer les avantages que présantent tous les autres. — Si vous touchez encore ce portrait, quant ce ne serait que pour lui ajouter le moindrement d'orne-mans, je vous promets que vous l'abimerez, le remède sera pis que le mal. — Croyez bien que votre éloquance ne m'émouve pas pour peu que ce soit. — Aidez donc ce pauvre chartier à ce tirer de l'ambaras. — Assoyez vous, mes en-fans tout a l'antour de cète table. — Vous ferez ce travail quand vous aurez le temps. — Cette affaire est plus cérieuse que je lavais pensée. — J'aime lire les ouvrages dans les-quelles il est question de revenants et d'aparu-tions. — Beaucoup sont ambitieus d'honeurs et de richesse, moi je n'aspire qu'une heureuse mediocritée. — Desirez vous que je vous en-voye un livre plaisant ou un sérieux? Ce qui vous plaira. — Je l'ai anfermé de maniere a ce que je n'aie aucune crainte quil ne s'échape. — Vous avez fait dans votre lètre une singu-lière faute d'inattancion, vous avez mal orto-grafié votre nom. — Rien nest plus admirable que linvencion des bateau-à-vapeurs. — J'irai

a ce bal masqué quand ce serait pour vous
faire bisquer. — Restez encore un moment,
j'espère quelqu'un qui vous fera plaisire à voir.
— Un de vous deux poura me rendre ce servisse. — J'ai entendu a travers la porte toute
la conversation que vous avez tenu. — La première partie de sa vie a passé toute en folies
et dissipations, la seconde toute en médita-
tions et œuvres pieuses. — L'on peut présu-
mer de ce livre qu'il est exempté de fautes
après que tant de professeurs habilles y sont
passés. — Je puis vous en assurer, c'est là où
ma sœur a déposé mon sac d'ouvrage. — Vous
ne vouderiez pas seulement me consacrer une
minute de temps.

CXXVIII. *Des trois frères, qui manquèrent d'être pendus pour leur latin.* (Vieux style.)

Trois freres de maison avoient longuement
demeuré à Paris, mais ils avoient perdu tout
leur temps à courir, à jouër, et a folastrer,
ainsi que bien plus souvent plusieurs autres
font. Advint que leur père les manda tous
trois, pour s'en venir : dont ils furent fort
surpris : car ils ne savoient un seul mot de
latin. Mais ils prindrent complot d'en apprendre chacun un mot pour leur provision. Sçavoir,
est, le plus grand apprint à dire, *Nos tres
clerici* (nous trois clercs). Le second print son
thême sur l'argent, et apprint : *Pro bursa et*

pecunia (pour la bourse et l'argent). Le tiers, en passant par l'Eglise, retint le mot de la grand Messe, *Dignum et justum est* (il est digne et juste). Et là dessus partirent de Paris, ainsi bien pourvus, pour aller voir leur pere et conclurent ensemble, que partout où ils se trouveroient, et à toutes sortes de gens ils ne parleroient autre chose que leur latin : se voulant faire estimer par là, les plus grands clercs de tout le païs. Or comme ils passoient par un bois, il se trouva que les brigans avoient couppé la gorge a un homme, et l'avoient laissé là après l'avoir destroussé. Le Prevost des Mareschaux estoit après avec ses gens, qui trouva ces trois compagnons près delà où le meurtre s'estoit fait, et où gisoit le corps mort. Venez ça, dit-il : Qui a tué cet homme? incontinent le plus grand, à qui l'honneur appartenait de parler premier, va dire, *Nos tres clerici.* O ho, dit le Prevost. Et pourquoi l'avez vous fait ? *Pro bursa et pecunia,* dit le second. Et bien, dit le Prevost, vous en serez pendus. *Dignum et justum est,* dit le tiers. Ainsi les pauvres gens eussent été pendus à crédit, n'eust été quand ils virent que c'estait à bon escient, qu'ils commencèrent à parler le latin de leur mère, et à dire qui ils étaient. Le Prevost qui les vid jeunes et peu fins, cogneut bien que ce n'avoit pas été eux, et les laissa aller, et fit la poursuite des voleurs qui avoient fait le meurtre.

Mais les trouva-il ? Et qu'en sçai-je mon ami,
je n'y estois pas.

CXXIX. *Phrases détachées.*

Vous avez témoigné souvant le desir de partir en Russie, je crois devoir vous en décon-
seillé. — Que ces abricots ont lair bon, je serais bien aise de les gouter. — Ne courez point
nue-jambe, vous vous enrumerez.—Une église
est destiné a prier, et non a converser et a
médire. — Ma toilette était trop négligé pour
aller aux bales de la court.—Par votre faute vous
avez perdu lestime des honnetes gens, et tombé
dans lavillissemant. — Ce matin je rencontrai
et causai presque une heure avec votre frère.
— Il faut avouer que vous êtes jolliement
amateur de tulipes ; venant encore den ajeter pour deux cent frans. — A présant que
vous êtes à Paris, jespère de vous voir un petit peu plus souvant. —Les fleurdelis ont rem-
placées l'aigle impérial, et l'ont été par le coq
Gaulois. — Mon voyage m'a revenu a cent
quatrevint francs pour laller et l'avenu.—Vous
seriez vous douté de ce que ce prétandu man-
diant était un grand ségneur. — Qu'est ce qui
m'apèle ? C'est deux homes qui veulent parler
avec vous. — Donnez moi faire un thème et
vous vèrez come quoi je m'en aquitterai pas mal.
Voilà qui prouve que, si vous aviez ce desir,
vous feriez tout aussi bien come un autre. —

Peut être que vous n'êtes pas de mon avis, mais jespère bien de vous y mener devant quils soient deux jours. — Mon vieux ami, ne nous lansons pas a de folles entreprises; a nos ages il est temps dêtre prudants. — Si on vous payait a prorata de ce que vous faites, je crois que votre travail ne vous sufrrait pas pour vivre. — Pensez vous que je peux rechercher lamitié d'un home aussi méprisable. — Plus un but est dificile pour ranplir, et plus il faut se doner de la peine pour y parvenir. — Vos prierres sont inutiles; je ne m'assoirai pas. — Nous avons eu cet année une automne admirable. — Le pain bénit a été distribué après que les époux ont été bénits.—Avez vous vu mon chateau de la Bussière. Dune maison vieille et décrépite j'en ai fait un séjour très convenable. — Je m'en vas dans deux jours à moins que vous vouliez que je reste encor. — Si vous souhaitez que cette chaudierre ne renverse pas, placez la sur un trois-pieds. — J'ai pour votre père tous le respect et l'amitié possible. — Le sirot fait avec de la castonade nest jamais aussi bon que celui fait avec du beau sucre.—Cette couleur a tout à fait passé de mode. — Je suis entré, promené et sorti du Luxembourg sans que vous ne m'ayez apperçu.

CXXX. *Etonnante intrépidité d'un capitaine iroquois.*

Dans un conbat contre les Hurons un capitène Croquois avoit préféré de braver le pérille que de se désonorer à fuire. Il ce batit
longtems comme quelquun qui veut périre ses
armes à la main, mais ses énemis quil avait
en têtes le voulant avoir tout vif ils le prirent.
La bourguade à laquelle celuici fut conduis
avait quelsque micionères qui eurent liberté
pour lentretenire. Ceuxci lui trouvant une do-
silitée de laquele ils surent profiter a seul fin
de le convertire, puis ensuitte layant instruis
et doné le batème, il fut (peu de jour après)
brulé, lui et plusicures dentre ces conpagnons,
où sa constence étona les sovages mème. Celuici nétant pas lié se crut (malgré quil était un
converti) être dans le droit pour faire tout le
mal quil était capable, à ses énemis. Ceux ci
layant monté dessus un espesse déchafaux, le
feu lui y fut apliqué par un si grand nombre
dénemis dans toutes les parties de son corps,
que ne pouvant leurs résisté, celuici parut
tout d'abort come si il était insancible. Un de
ces conpagnons étant tourmanté assez proche
de lui et ayant marqué quelque féblesses, celuici se donna le soin de lanimer à ce quil
fût patiant et eut tellemant de pouvoir par
ces exortacions quil eut la satisfaxion de le

voir qui mourut bravemant. Alors retonbant
dessus lui avec une fureure quil sanbla qui le
metrait en piesse, et dont il ne sanbla pas,
lui, être ému, ces bouraux était anbaracés
pour lui trouver quelqu'endrois sansible lorsque lun deux s'avisa à lui serner la peaux à
lantour de sa tète et à lui arraché avec violanse. La douleure lui fit quil tomba sans aucunes marques de conessances, et fut cru mort,
doù chacun ce retira. Après un moment, étant
revenu dévanouicemant, ne voyant plus persone a lentour de lui, celuici ayant prit avec
ses deux mains un gros tizon de feu, et ayant
rapelé ces bouraux, les deffia de saprocher
plus proche. Sa résolucion les ayant surpris, et
ayant poussés des affreux rugismans, les voilà
qui, les uns, sarmèrent avec des tizons ardans;
les autres avec des fers rougis dedans le feu, et
fondans sur lui tous tant quils étaient, celui ci
les ressut avec une vigueur qui leur fit reculer
en arrierre.

CXXXI. *Suite.*

Le feu lui servit dun coté de retranchemant, il se fit un autre retranchemant avec
les échèles qui avaient servies a monté dessus
léchafaux, et quelque temps il fut (cantoné
come il était dedans son propre buché) la tè-
reure dune bourguade antière. Un faux pas
(voulant évité un tizon lancé devers lui) lui

fit tomber dans le pouvoir de ces énemis. Ses furieus le firent payer bien cher la freyeure quil venait de leurs faire. Après avoir épuizés leur force en le tourmantant, layant jetté dedans le milieux dun grand brazier ét layant laissé là, où ils étoient dans lopinion quil serait bientôt étoufé ; ils furent trompé. En éfet ils le virent, lorsquils le pensaient le moius, qui dessandait à bas de léchafaux étant armé avec des tizons et courant vers le vilage come voulant y mètre le feu ; dé quoi tout le monde se vit glassé défroi, persone nétant assez hardit que doser se presanter a lui afin de laréter, mais voilà que à quelques pas loin des premières cabanes un baton lui étant jetté de loin entre ses janbes et layant fait tonber, lon fut sur lui auparavant quil ait pu se relevé. Lui ayant dabord coupé ses pieds ainsi que ses mains, l'on vous le roulla dessus du charbou qui était anbrazé et l'on lemit enfin dessous un trou darbres lequel était tout en feux. Alors a lantour de lui toute la bourguade fit cercle afin de goutter la satisfaxion de le voire come il brulait. Son sang qui sécoulait de toute parts faillait éteindre le feux, mais ils n'apréandaient plus dun moribond aucune eff'or. Il en fit tout de même un en dernier, lequel renouvella une seconde fois le trouble. Il se tiéna dessus ses coudes et ses genous, dune vigueure et d'un aire menaçant, dont les plus

proches moins éfrayés à la vérité qu'étonés,
s'écartèrent. Dans ce momant les micionères
en ayant aproché et ayant remis devant ses
yeux les sentimans de relligion dont ils l'avaient
inspiré , celui ci les ayant écouté trenquile-
mant, il ne parut plus quil fut ocupé dautre
soin. Bientot ayant été saisi par dérière par un
Huron il eut sa tête coùpée par ce dernié.

CXXXII. *Phrases détachées.*

Si vous maniez continuèlement votre nez,
vous vous y ferez venir mal.—De cette amas de
matériaux brutes , vous avez parvenu den faire
un ouvrage d'un pàrfait fini.—Je vous envoyerai
toutes les livraisons de cet ouvrage qui seront
parues au premier d'octobre. — Il est évident
que cet home a été cruèlemant maltraité, témoins les contusions qu'il a partout son corps.
— Devant quil soit huit jours , vous vous ré-
pantierez des mauvais prosédés que vous avez
tenu pour moi. —Les persones bien éduquées
ne font jamais des fautes conséquentes contre
les règles de gramaire.—Vous avez une gallerie
de cadres peints par les meilleurs auteurs. —
La rue St Denis est l'une des plus passagères
de Paris. — Ce serait vous faire injure de dou-
ter de votre desinterressemant. —Tout ce que
vous aléguez sont autant de mensonges. — La
plupart des gens censés convient de ce que loi-
siveté est le plus dangereux énemi pour lintel-

ligeance. — Je les ai condanné a copier chacun
sa lecon dix fois afin quils se tiènent come
avertis de la marche que je me propose a suivre.
— Est-ce ici où vous comptez de rester. —
Voyez dans quel état que sont ces vauxriens,
ils semblent des *Ecce-homos*. — Ce prossès ma
ocasioné des grands sacrifices pécuniers. —
Depuis que j'ai fait une chute dans mes escaliés, je vas toujours en clampinant. — Aussitôt le roi ordona que le conseil se rassemble-
rait. le landemain. — Vous êtes si bon, quil
n'y a personne qui ne voudrait vous ressem-
bler. — Si l'on le savait je serais failliblemant
punit. — Tous les poëtes de nos jours ne sont
pas des Racine. — Vous êtes plus instruit que
je croyais. — Cet enfant n'a qu'un defaut, celui dètre extrémement coléreux. — Il a passé
sa vie dedans les cordegardes. — Je soufrirai
tout, exceptée l'infamie. — Quoique je touche
vers ma soixante et douzième anée, je me souviens encore des contes desquelles on ma ber-
cés en mon enfance. — Donnez moi les pin-
ces, car je vois que vous n'en viendrez jamais
a bout d'atizer le feu. — Nous avons consumé
cette anée le reste de la provision de bois que
nous avions fait l'hiver passé. — J'ai consomé
dans le chagrin la plus belle moitié de ma vie.
— Cette famille est bien minable, elle ne vit
que des aumones. — Votre culpabilité est assez
sufisament établie pour que je me donne le

droit de vous infliger d'une corection. — Je vous attends vers les midis, et aussi tot midi et demi sonnée nous partirons aux Tuilleries.

CXXXIII. *Incendie de Londres.*

Le deux de septembre mille six cents soixante et six la terrible insandie qui reduisit les trois quars de la citée en cendre, éclata. Plus que dix milles mèsons ; la catédralle et quatre-vingts neuf églizes ; l'otel de ville ; la bource, la doane : et la plus par des autres edifices publiques devint en proie à la flàme. Un vent très violant d'este randit les secours non utiles les deux premiés jours, et la vile antierre eut été bientot consomée si on navait pas prit les mesures les plus énergics, à seul fin darèter lambrazemant. Le duc d'York frère à Charles II, et Roi lui mème depuis, en voyant les pompes ne servant que de rien et la destruxion des mésons allant trop lantemant par les moïens ordinères, anploya de la poudre, et fit sauté grand nombre dédifisses, ainsi (bisare circonstence) c'est le feu dans sa plus terrible forme (laquelle est l'esplausion), qui arèta l'insandie.

Les pertes des proprietères de méson furent imanses, mais les danrés consumés dedans les magazins c'elevait encore davantage en argent. La misaire fut estraime et une foule de maleureux en serait morte par la faim, si le roi

navait pas fait distribué une grande quantitée
de biscuis déstinés pour laprovisionemant de
sa marine.

Les gens censés ne se trompairent pas con-
sernant les causes de ce fatale évainemant, ils
reconurent bien vite le hazart come ayant alumé l'insandie ; et ses funestes prograis come
ayant été la suitte dun concour de maleureuse sirconstences, come par exemple la violanse du vant et la féblesse du lort mairre ,
celuici ayant refusé de doner lordre pour aba-
tre (les propriétères nayant pas doné leurs
consantemans) les mésons qui détruites auraient arèté le feux. Cependant la crédulitée
dun peuple étant dans le désespoire accueilla
avidemant des soupçons de complots invanté
par méchanselée. Un comité fut donc nomé
chargé de découvrire les auteures du prétandu
crime. Malgré quon ne trouya point de ceux
ci, on fit périr tout de mème un maleureux
hugueno Français qui s'avoua ètre coupable (tellemant il était aliéné de son esprit) malgré
qu'il fut prouvé par la déposicion (dans le
procés) du patron du navire par lequel celui
ci avait été amené, quil nétait arivé de Rouen
que pour le deuzième jour que linsandie avait
lieu : il fut tout de mème condané et fut
éxécuté.

CXXXIV. *Phrases détachées.*

Mettez sur ce lit une couverte et une tête d'oreillé. — Ma méson ne me raporte pas assez pour vivre, je suis décidé de la vandre. — Vous mètez en tout ce que vous faites un gout, une grasse charmants. — Je desirerais que vous veniez ces jours ici me voire en canpagne. — Ou donc a été votre frère, je le cherche depuis une heure, et tout lapres midi jai demandé après lui sans que persone n'ait pu men doner des nouvèles. — On peut très bien ne pas ètre un beau garson, sans ètre pour cela un home vilain. — Si tu pense que ce livre est dedans la bibliotéque, vas y voir, ou bien vas-t-en le demander a mon père. — C'est à Vienne et non à Berlin où je vous ai manifesté que javais lintention de me rendre d'ici deux mois. — Depuis que jai vu votre cousin, sa famille s'est très augmenté. — Je lui ai toujours aidé de mes conseils et de ma bource. — Mon fils a été me cherché mes lunettes et n'est pas aucore revenut. — Vous avez terminer cet afaire plus heureusemant que je laurais crue. — Dans quelle que posicion où le sort nous a destiné a viyre, nous devons venir aux secours des infortunés. — Pourquoi donc aussitot que je suis apparu avez-vous parti d'une vitesse d'éclair. — Je ne consois pas come font les funanbules pour se tenir dans

l'équilibre sur un simple fil d'aréchal. — Vit
on jamais une famme plus'infortunée que je ne
la suis. — Ignoriez-vous que je fusse ici. — J'ai
longtems poursuiyi ce lièvre au travers des
champs et des broussailles sans pouvoir y ateindre. — Examinez donc avec quel art cette ba-
lustre est façounée.—Je ne sais si j'ai la brelue,
mais je crois que cest vous qu'ètes M. Edouard.
— C'est il vous, Madame, qu'ètes la locatère
de cet apartement. Oui, Monsieur c'est moi
que je le suis. Je vous croyais pourtant être
locatère de celui qu'est à coté. Non : ce n'est
pas moi qui la suis ; c'est ma mère. — Je vous
conseille que vous preniez de ce drap, il est dun
fort bon usage. — Chaques fois que nous an-
tandions un opéra de Rossini, nous tressaillons
de plaisir ; nous étions à la fois tous yeux et
toutes oreilles. — Voilà une afaire qui demande
dètre éclairé, on n'y conait plus goutte. — Tachez donc de m'éclaircir un peu de la marche
que je dois prendre. — Je suis un petit peu
indisposé, mais cela ne fait de rien, j'irai promener avec vous. — Prenez garde à laisser
tomber ce verre en argent, vous seriez sur de
le bosseler.

CXXXV. *Lettre d'un égoïste.*

Monsieur mon chère parant,

J'ai bien ressu dans les tems les cinq épitres que vous mavez écrit; malgré le soin que vous vous donnez à les afranchir de port je vous dirai franchemant que que celles ci amènent toujours quelques petits fraix à cause qu'il faut doner étrenne au garson du bureau qui me les porte.

Votre dernière manonce que vous vous dégoutez en Angleterre, de quoi vous avez tort; si peu que vous y êtes dune manière souffrable je vous conseille fortemant pour y rester. Si malgré que je vous fais mes obcervations vous retourniez à Paris je dois vous prevenir davance quil me serait inpossible de pouvoir vous recevoir chez moi; ce n'est point côme les villes de provinces dans cette ville ci, où chacun n'a place que pour lui; a moins qu'il soit fort riche ce que je ne suis point.

Votre frère, ces temps passés, est venu passer quelque jours dedans cette capitale où il ma été impocible de pouvoir lui donner à manger, rapport que ma femme est souvent malade. Du reste il fera très bien s'il ne quitte plus de sa province moi ne pouvant pas lui etre bon a rien, occupant un emploi par trop

médiocre pour avoir des crédits. Je vous dirai
de même relativemant a M. Durand, avec lequel
vous ètes ami intime ; quoique le chef de divisions convient bien de ce quil a tout ce qui
faut pour avoir la place pourquoi il solicite , et
même que cest le seul capable dans sa petite
ville pour dignement ranplir ladite place ; nonobstant , dis-je , que ledit chef de division
conviène de cette véritée il ajoute que tout cela
ne sert pas plus que rien si on n'est point
recomandé , dit-il , de quelqué gros bonnet.
M. Durand ma demander le secours de mon
oncle , celui qui est le directeur, à quoi je l'ai
fait conprendre la raison qui est que moi-
mème javais par trop de besoin de son crédit pour moi , doù il métait impossible de pouvoir le soliciter pour quelqu'autre.

M. Maillard duquel vous m'en demandez
des nouvelles laissa chez moi, l'autre jour, une
carte. Quoique je crois quil est fort brave
home je vous avou que je ne lui retournerai pas
sa visite, crainte qu'il finisse à vouloir m'en-
prunter , ou me demander tous autres servisses , pourquoi je serais obligé à les lui re-
fuser.

Adieu Monsieur mon chère parant, quand
à ma femme et mes deux anfans ils vous disent
tous milles choses tandres ; mais quand a moi ,
le meilleur conseil que je peux vous donner

en vrai ami est de jamais ne retourner en
France.

Je suis du plus sincère dévoument, votre
très humble, etc.

Paris, ce . . . .

CXXXVI. *Phrases détachées.*

Il n'est sorte de peine que je me suis don-
née pour vous aprendre le latin. — De tous
mes élèves vous êtes celui que jestime d'avantage. — Mes soulliers ne sont plus portables.
— Ma chasse n'a point été guères heureuse, je
n'ai tué qu'une mésange. — L'home qui médite
sur un crime ne saurait être en paix vis à vis
de sa concience. — Cette bonne fortune nous
arive comme Mars en carème. — Mettez du
sable sur la page que vous venez d'écrire. Je
nen ai plus dans ma poudrière. — Nous avons
diné hier chez un anfitrion qui nous a fort mal
traité. — Un couple de bœufs sont assez sufi-
sans pour trainer cette charette. — Je crois
que la mauvaise fortune poursuit lui et toute sa
famille. — La grace, la bonté président toutes
ses actions. — Venez moi voir, ou sinon je me
facherai. — Voulez vous me tailler ma plume
avec quoi je dois écrire ma dictée que vous
allez me faire. — C'est un de ces homes dont
les manierres anoncent le peu déducation. —
Beaucoup d'enfans sont conduits au collège

par leur précepteur qui vient les rechercher
à l'heure de la sortie des classes. — Je crains
que vous ne portiez à votre père tout le respect que vous lui devez. — Empêchez leur
donc de me venir derranger. — Vous trouverez deux essuimains auprès du lévier de la cuisine. — Vous êtes autant dissipé quil est possible dètre, et je crains que ce défaut vous
empêche de faire tant de progrès que vous le
pouriez sans lui. — De quel métal est ce couvert? Il est de vermeille. — Nous voilà devant ma porte; quand vous vouderez me venir
voire vous saurez que c'est là où je reste. —
Vouderiez vous me desagrafer le collet à mon
habit. — La philosophie enseigne les jeunes-
jeans à pratiquer les devoirs qui leurs sont
imposés autant vis à vis la société que vis a
vis eux même. — Voulez vous me prêter la
grammaire que vous étudiez dedans. — Vous
me paraissez sans zèle ni même de bonne volonté. — Ma petite fille comence à percer ses
dents. — Je ne pense pas pouvoir aller promener demain soir. — Il y a longtems que je
comanse de mimpatianter de vous. —Ce pain
est fait avec une farine bien sabloneuse. —C'est
ses qualités et non sa phisyonomie par qui vous
avez été séduit. — Je vous engage dimiter les
exemples que vous ont laissé vos parens.

CXXXVII. *Mort de César.*

Les espris saigrissant chaques jours; et la hêne continuant a cacher son poiniard dessous un voile de flaterie, les conjurés enfin sétant rassamblé nuitament chez Brutûs décidèrent d'imoler le dictateure le jour aux ides dedans le portique de Pompée dans lequel le sénat se devait rassembler.

César, plus l'instant fatale saprochait, sanblait davantage mepriser les conseilles que la prudance lui donnait ainsi que lamitié. Exersant un pouvoire quil avait usurper à une republique laquelle était jalouse de ses drois; et puis étant au beau milieu des ámis de Pompée lesquels il avait vaincu, il ne voulait point des gardes a l'antour de lui, disant, « Il est préférable de mourire une fois que de vivre en des continuels alarmes, » et come l'on cherchait ancore a lui réveiller des soupsons sur Brutus il dit « Je le conais, un asassinas sanblerait a sa vertu être une trop fasile victoir. »

Soupant chez Lépidus la veille des ides, l'antretien tonba sur le préférable des genres de mors, il repondit, « le plus prompt et le moins prévut. »

Cependant le jour de sa destinée ayant été arivé, Calpurnie qui était sa famme étant troublée a cause dun songe où elle l'avait cru voir

étant asassiné entre ses bras, la voilà qui ce
gette à ses piés à le conjurer quil ne sortit pas
de sa maison lorsque tant de présage devaient
le faire regarder ce momant là come funeste.
Le grand esprit de César touché des craintes
de lamour s'ébranla un momant. Cédant daprès les larmes de Calpurnie il se desside pour
décomander lassenblée du sénat. Lun des conjurés qui était Décimus Brutus, lequel entrait
pour lors chez lui ; prévoyant d'avanse ce délai
come pouvant leur ranverser tous leurs des-
sins, lui represanta vivemant quelle injure cétait faire au sénat en refusant a y venire, ce
sénat lattandant pour le couroner, et de quelle
tache ce serait couvrir sa gloire si il se dessi-
dait par un songe de Calpurnie pour insulter
tellemant le premier corps dans l'état. Sur
quoi César étant sorti, la fortune soubla encore sur la route come vouloire le détourner
de tomber dans le présipisse.

Ayant rancontré l'augure Spurina, lequel lui
avait anonsé son maleur, « Voila cependant,
comme tu vois, lui dit il, que les Ides de Mars
sont venu. — Oui, repondit le devin, mais ne
les voila pas ancore passés. »

CXXXVIII. *Suite.*

Arthémidore filosophe grecque étant lié aux
prinsipaux des conjurés, ayant pénétré dans
leur segret et se mèlant avec le grand nombre

de ceux qui presantaient des plassets à César,
lui remit un mémoire contenant en détails
toute la conjuiacion, en lui disant « Lisez moi
prontement; car ceci vous est dun intetret ur-
gent. » César étant obcédé n'eut pas le tems
pour le lire et le tenait encore lorsquil entra
dedans le cénas.

. Dès aussitot le dictateure paru, la plupars
des conjurés fut au devant de lui come c'etait
convenut; et laconpagna jusques sur sa cheise
curulle tandis que d'autres étaient a éloigner
loin de lui son ami et son collègue au consulas
Antoine, prétextant nécessité de parler avec
celuici sur une afaire importante.

Aussitot César assis, Cimber ce jetant a ses
pieds pour lui demander quil rapèle son frère
exilé par lui César, les autres conjurés, pour
apuyer cette demande antourent César qui refuse et qui trop pressé par leurs instanses
et voulant se lever est retenu par sa robe par
Cimber, ce qui était le signal qui était convenu; César crie, « Ce n'est plus des prierres
mais de la violanse. » Casca qui était placé der-
rière le siège où celui ci était assis le frape
(mais faiblement) dans lépaule, la crainte dun
coup si hardit lui rendant la main tranblante
et le poignard insertain. « Miserable que tu es,
qu'est-ce que tu fais, dit César se retournant
et persant en même tems le bras à Casca avec
un poinson qu'il tenait dedans sa main. » Casca

apelant au secours son frère , et tous les cons-
pirateurs tirant leurs poiniards , César se lance
dessus eux , écartant les uns , renversant les
autres, finalemant il ressoit un coup de poiniard dans sa poitrine. Malgré quil perd du
sang et que des glaives lui sont présentés devant ses yeux, c'est égal à son courage qui n'est
point effrayé ; quoiqu'étant sans armes il se
deffand de tout coté come qui dirait un lion
furieu et blaissé ; mais au momant quil apper-
soit Brutus lui anfonser son poiniard dedans
les flancs , il prononse ceci en gémiçant, « Eh ,
toi Brutus aussi ? » Pour lors il cesse toutes les
résistences ; s'anvelope sa tète, abaisse sa robe
pour mourir dans la décence, ressoit sans plaintes tous les coups à lui portés, et par un drole
de sort tombe et meure au pié de la statue à
Pompée.

CXXXIX. *Phrases détachées.*

Lorsque j'ai eu tiré cet énorme siau d'eau,
j'ai cru que je m'étais tort le pogniet. —Quelle
embrouillamini me faites vous donc là. — Ce
qui corde le plus avec nos gouts est toujours
ce que nous recherchons d'avantage.—Ma mère
qui jouit d'une tres mauvaise santé lafaiblit
ancore par les inquiètudes quelle se crèe chaques jours. —J'ai tombé par ma faute dans un
piège dont jaurai beaucoup de peine pour en
sortire. — Votre païs a voulu me prendre a

témoin dun duel qu'il doit avoir ce matin, come je sais quil est un fort mauvais sujet, je lui ai refusé tout net. — Je souhaite beaucoup aller passer un soir avec vous. — Nous ne nous sommes pas chauffé ni lun ni l'autre. — Je n'aime pas voyager à cause du cahotemant des voitures. — Le chameau et le cochon ont la gueule faite différament. — Le cerf a la patte plus longue que le chien ne l'a. — Ce n'est plus ce sujet duquel il faut vous occuper maintenant; il faut que vous songiez d'en traiter un autre. — Je ne veux pas vous rien dire, peur de me compromettre. — Le tabac est en coutume depuis l'anée mille cinq cents cinquante et neuf, époque ou Jean Nicot le porta en France. — Combien vous ont coutés ces deux charmantes estamples? Elles mont coutées deux cent francs chaque. — C'est au moyen des oscilations de la pendule que lon a inventé la forme de la terre. — Je nécris pas une lettre sans lui ajouter deux ou trois *poscriptums*. — Vous me promettez que vous mavez servi de tout votre pouvoir, mais je suis bien sur qu'*in pecto* vous pensez que je nai pas tort si je me plains sur votre négligeance. — Les plus beaux cieux pour un peintre ne sont pas les cieux sans nuage. — Le regiment a parti l'onze du mois passé. — Vous êtes le seul home dont je peu compter sur la discression. — Si vous aviez pris la peine de vous promener dans le jardin que je viens de louer, vous lauriez trouvé pas mal grand, quoiquil ne fut pas de la même étendue du votre. — On dit quon est pret à avoir la guère avec létrenger. — C'est en Egypte où sont les plus belles obélisques du monde. — Je ne vous punierai pas , a moins que vous m'en forsiez.—Si ces enfans continue de faire du tapage je vas les anvoyer coucher.— Un grand nombre d'homès est davis de ce que les poésies à M. Victor Hugo soient des chefs d'œuvres.

CXL. *Attila abandonne l'Italie.*

Au moment que le roi des Huns arèté dans sa course par l'abile resistence d'Aëtius était encore a hésiter quel parti il allait prandre , il ressut une deputacion de la part de lampreur , de laquelle était le pape Léon , et qui etait chargée de lui ofrir lamitiée de lampereur avec tous les ans une certène some en argent si il consentait de ne pas penetrer d'avantage dedans l'Italie et de s'en revenire en Hongrie. Par les ofres de lampreur ; par les parolles que lui dit le venerable pape ; par les souvenirs de la défète eprouvée par lui peu d'anées avant par les armes de ce mème Aetius qui lui tenait tête ; par les exemples d'Alaric et de Radagaise que l'ostination avait réduit à leurs pertes ; le barbare fut ébranlé fortement de sa resolucion de poursuivre son antreprise. Mème il est possible (ce

que de certains auteurs font entendre) que celui ci ce souvenait d'autrefois où sa colere vis
a vis des Tricastins dans les Gaules sétait apaisé
par lintersession de lévèque Saint Loup, et quil
se flattait que la docilité quil avait eu a se ran-
die aux prières que lui avait fait ledit pontiffe,
l'avait délivré des perilles où il c'était vu esposer en Champagne, peut ètre aussi il sonjea
sur la dificulté quil y avait pour faire une guère
active a des soldas lesquels étaient déja chargés
avec des dépouils immanses; laquelle circonstance tout en mème temps qu'elle ämpéchait
quils agissent avec lactivitée qui était nécessaire
faisait quils étaient égallement désireux pour
rentrer chez eux mettre en sureté les richesses
conquises. Quoiqu'il en soit il est sur et certain
qu'il chanja davis, et abandonant Honoria et
l'Italie il partit des rives du Mincio, revenant
au pays dont il était venu. Les auteurs contan-
porains raportent que lui étant de retour, ses
soldas s'en mocquaient disant quil nétait pas
surprenant qu'Attila avait craint les hurlemens
dun *Lion* en Italie, ses armes ayant tombé de
ses mains, dans les Gaules au rugismant dun
Loup ; et que les noms de bètes ferroces avaient
eus d'avantage de forces contre Attila que non
pas les armes de ses énemis.

CXLI. *Phrases détachées.*

Ce matin quand je suis monté dans ma chambre je m'ai fait grand mal au pied et j'ai manqué tomber dans les escaliés. — En achevant ce petit travaille nous avons été tous surpris mon frère et moi en voyant que nous y avions employés deux heures de temps. — Mon père est parti en campagne, passer toute la belle saison. — Il ne tiendra pas de moi que vous ne gagnez la partie. — Depuis quelques temps je jouis dune fort mauvaise santé.—Lorsque vous verrez M. Charles, vous me ferez plaisir de ne pas lui parler de ce que je vous ai entretenú particullièremant. — On ne doit point faire de cas des gens qui nous louent dune manière exsagerée. — Ma femme dit souvent a son coèffeur quil ne saura jamais la papillotter. —Lamour de la science, à qui l'on doit les plus heureuses découverte n'est malheureusement que le partage dun petit nombre de personnes. — Nous avons encore du temps assez pour nous retourner. — Je ne tarderai pas de te remètre le cadeau que je te veux faire. — J'entend et j'ordone que l'on ne me parle plus d'avantage de cela. — Ce qui me chagrine ce sont l'indiférence et le dégout que vous avez montré jusquici pour l'étude. — Voulez vous changer votre cheval avec le mien, je vous promets que c'est pour vous le plus excellant marcher à faire. — Que préfèrez vous croire, de cet enfant oú de moi. — Les orgues de St. Sulpice sont les meilleurs que jai entendu. — Ces bocales sont trop grands pour cette cheminé, aportez en moi des plus petits. — Je viens de faire peindre en rose là facade de mon belvéder, afin quelle soit plus voiante. — Quoique vous n'y allez pas, cela ne m'empêchera point d'y aller la même chose. — Voila une excellente onguant pour la brulure. — La défanse de linocence acuzée est le meilleure usage que l'home peut faire du don de la parolle. — Il a falu que vous vous fussiez doné beaucoup de peine pour avoir terminer cette ouvrage en aussi peu de temps. — Boileau a dit que ce qu'on conçoit bien s'énonçait clairemant. — Qui de vous ne se rapèle de listoire des quatre fils Aymons? — Crainderiez vous quil ne viène nous troubler ici. — Le médecin ma ordoné du cochlaria. — Des bons pistolets sont des-excellens portes-respécts. — Cet escalier forme un spirale fort élégant. — Vous avez beau piétonner d'impacience, je ne vous céderai pas. — Sur quel cheval montez-vous aujourdui. — Je vous aimé autant comme votre frère le fait.

CXLII. *Doléances d'un plaideur.*

Je n'en finirais pas si je voulais nombrer tous les prossès que jai eu a souttenir et

toutes les sommes quils mont coutés. Jai comansé dabord de pléder avec mon père; lequel voulant me disputer la part que javais
droit à pretandre de léritage a ma mère je
lui ai prouvé come deux et deux font quattre
le mal fondé de ses prétancions , nonobstant
quoi la justisse m'a condané , et j'ai non seulement perdut le principal mais encor il ma
falut payé les frais et les dépanses lesquels ont
montés a trois milles et deux cent francs. A
peine jen étais quite de cette condanation ,
ne voila-t-il pas que je me vois assigner par
mon proprietair; lequel simagine pour me dé-
guerpir de pretandre que je suis incomode pour
les voisins sous prétexe que j'ai la coutume de
doner tous les soirs avant que de me coucher
du cor de chace. Certainement que cet amu-
semant est bien inocent ne faisant du tort a
persone. Croiriez vous cependant que les juges
mont de recheffe condané à évacuer des lieux
et aux dépans, sans vouloir même entandre un
air d'instrumant que je proposais de leur jouer
devant eux, à seul fin de leur prouver qu'il
est imposible quon puisse s'imaginé des oreilles si peu sensibles au charme de l'armonie
pour quelles soyent blessés désagréablemant
par des sons si admirables. Un tailleur que javais, qui disait être mon ami, me conblant de
mille politesses et mayant promis de ne jamais
me demander de largent; je trouvais comode

quil m'abille ainsi de piétancap sans rien dé-
bourcer, lorsque celuici me fait remettre un beau
jour un morceau de papier timbré disant que
je devais comparaitre et mentandre condanner
par le tribunale a le payer dune some de quinze
cent francs que je lui devais pour habille-
mans. Cette fois là, la justisse fut plus juste
pour moi, ayant réduit son mémoir a moitié,
mais mayant toutes fois mis les frais encore
sur le dos. Je plaide en ce moment ici avec
mon ancien maître d'hotel garni chez lequel
jai (étant étudiant) resté quinze mois en qualité de son ami, lequel prétand que je dois
le loyé de ma chambre laquelle était au quatrième étage dessus lantresol, en raison de
quatrevingt francs par mois. Jai mon avocat
qui dit que ma cause est susseptible de se gagner, mais quil ne veut pas repondre de rien.
Ou est-ce donc quest la justisse si il ny a
plus dassurance que le bon droit trionfe sur
la mauvaise foix.

CXLIII. *Phrases détachées.*

Il ne tiendra pas du ministre Anglais que
nous ne contractassions une aliance sur l'ofen-
sive et la défensive avec l'Angleterre; sa sei-
gneurerie est vis a vis la France dans les disposicions le plus favorables. — Il me semble
vous continuez à jouir d'une mauvaise santé;
car je ne vous entands plus toucher de votre

piano. — Mon frère pretand quil fera sa version mieux que je l'ai faite, mais je lui en défie bien. — Aimer Dieu, respecter la vieillesse, chérire ces parans, pratiquer la vertu, sont les devoirs que la nature impose pour tous les mambres de la grande famille. — Ce prédicateure nous a dit des vérités que je crois quil est plus facile de les conprandre que non pas de les mettre en pratiques. — Quelque soit son esprit et sa science, je ne crois pas quil pourra de sitot aspirer pour le foteuil académique. — Si le premier de ces deux jeunes gens est léger et est inconstant, le deuxième ne lest pas moins. — Cet ouyrage samble come qui dirait la satyre des mœurs de nos jours. — Jai pour mon domestique un garçon bien déluré, mais je le crois sans prétencion ni défaut. — C'est pour soutenir vos parens dans leurs vieillesses, que je vous aie fait aprandre un métier. — Il ne m'a servi à rien de me doner cette peine, puisque j'aie été mal récompansé pour elle. — Telle est le motif pourquoi je suis venu. — C'est de cette maison d'où vient le bruit par qui vous avez été réveillé.—J'aime, il est vrai, un peu trop vivre a mon aise, mais au moins je n'aime gèner persone. — Dans ce momant ici je ne peux rien faire pour vous. — Jéxige que vous me payez de suitte. — Je ne vous connais pas et votre père non plus. — Mon débiteur ma doné un hipotèque dessus sa maison. — Vous êtes le premier qui ayez entré dans ce cabinet sans mon consentemant. — Nous sommes les trois hommes qui avons arboré les premiers le drapeau Français sur cette cote mal ospitalière. — Vous avez tort de disconvenir que cetté dame a de la grace en dansant. — Je ne crois pas que vous êtes d'humeur d'endurer patiamment les impertinences de vos élèves. — Qui que ce soit se permetera de vous frapper, il aura à faire à moi. — Quoique vous disiez, cette toile d'Hollande est fort belle. — Je viens de dormir un bou somme. — Mettez les rallonges à la grande table en noyer. — Nous avons mangé à diné un dinde roti, et des cercifis fris.

CXLIV. *Histoire d'une veuve et d'un conseiller au parlement.* (Vieux style.)

Une femme vefve avoit un procès à Paris, là où elle estoit allée pour le solliciter : en quoy elle faisoit grande diligence, combien qu'elle n'entendist guères ses affaires, mais se fiant que Messieurs de Parlement auroient esgard à sa vieillesse, à son vefvage et à son bon droit. Un matin trois heures devant le jour, plustost que de coustume, elle n'entra pas en son jardin pour cueillir la violette, mais elle print sa requeste en sa main, en laquelle estoit question de certains excès faits en la persone de son feu mari : elle va au Palais, à l'entrée de Messieurs, et s'adressant au premier conseiller qu'elle vid venir, et lui présenta sa requeste pour la rapporter. Le Conseiller la print, et la, lui baillant, la femme lui fait ses plaintes pour lui doner bien à entendre sôn cas. Quand le conseiller, qui d'adventure estoit des Ecclésiastiques, oit parler de crimes, il dit à la bonne femme : M'amie, ce n'est pas à moi à rapporter votre requeste, il faut que ce soit un conseiller *lai* qui la rapporte. La bonne femme ne sachant que vouloit dire un Conseiller lai, entendit que ce dust estre un conseiller laid : parce qu'elle vit que cestui d'aventure estait beau personnage et de belle taille. Elle vous commence à vous regarder de près ses Conseillers qui entroient, pour voir s'ils seroient beaux ou laids : en quoi elle estoit fort empeschée. A la fin en voici venir un qui n'estoit pas des plus beaux hommes du monde, au moins au gré de la bonne femme, parce (peut estre) qu'il portait une grand'barbe, et estoit toudu. La bonne femme pensa bien avoir trouvé son homme, et lui dit : Monsieur, on m'a dit qu'il faut que ce soit un conseiller bien laid qui rapporte ma requeste ; j'ai bien regardé tous ceux qui sont entrez, mais je n'en ai point trouvé de plus laid que vous, s'il vous plaist vous la rapporterez. Le conseiller, entendit bien ce qu'elle voulait dire, trouva bonne la simplicité d'elle, et print sa requeste,

et en la rapportant ne faillit pas à en faire le
conte à ceux de sa chambre , lesquels expédiè-
rent la bonne femme.

CXLV. *Phrases détachées.*

Il n'est pas étonant que vous mavez ranversé , vous m'avez pris a brasse corps que je
ne m'y atandais pas. — Mettez désormais plus
de zèle pour vous aquiter de vos devoirs , cest
la seule chose qui peut me réconsilier a vous.
— Des ténèbres épais obscursissent la voute
des cieux. — Avez vous eu soin de sonner le
domestique , quil viène me porter mon dejeu-
ner. — Pour supléer votre ignorance vous n'a-
vez même pas lamour propre de vous taire a -
propos. — Ce qui me plait d'avantage en elle,
est sa douceur et sa modestie. — J'ai adopté
une belle parafe pour distinguer ma signature
d'avec celle à mon frère. — Je vous estimerai
toujours à moins que vous cessiez dètre estimable.—Une fois pour tout, jentends que l'on
ne ferme jamais les vagislas de ma voiture.
— Vous ne serai jamais susseptible daprécier
toute létandue de mes sacrifices pour vous. —
Dites leurs de sé présanter chaque a leurs tours
et quils aportent chacun son livre. — Si vous
oubliez si fréquament à prendre votre leçon
de piano; vous finirez par oublier entierement
de jouer de cet instrumant ; pour être con-
çervés les talens demandent dètre exersés. —

Dites cinq pater et cinq avé. — Ces fausse-
fleurs ont tellement passé qu'on pourrait difi-
cilemant reconaitre la couleur dont elles sont.
— Si je ne vous vais pas voir, ne croyez pas
que c'est parce que jai de lindiférence pour
vous. — Il reste rue Mandar vis à vis le char-
cuitier. — J'ai été trop annuyé au spectacle
hier soir pour que je voulusse y retourner aujourdui. — Vous desiriez donc que je vous
prenne à mon servisse. — Dans un siaige d'une
vile les obuses sont très meurtrierres. —Nierez
vous maintenant que je suis plus sage que vous?
— Je suis tellement fort enrumé que je ne fais
que moucher à chaque instant. —Cet acte a
été rédigé par maitre Leroux et son confrère
notaire à Paris. — Les chahuants et les loup-
serviers habitent les forais. — Le nombre de
vos fautes dortografe est plus petit que je
croyais. — La pinpernelle donne du bon gout
à la salade. — Vous ressouvenez vous de ce que
je vous ai parlé il ni a quun momant° —Vous
vous plaignez que cet home vous ait volé : tant
pire pour vous, il ne falait pas que vous soyez
si confiant, c'est une lesson de prudance à
lavenire. — Je vois avec plésir que la tète comance de se dégager, et que je ne me sens plus
du mal a ma poitrine.

CXLVI. *Histoire d'Esther.*

Artaxerce que l'Ecriture nome du nom d'Assuérus, règnant en Perse; ses états contenait cent et vingt sept provinses et etait étendus depuis les Indes jusques à l'Ethiopie, duquel ampire la capitale était Súze. La troisiaime anée après le comansemant de son règne il racembla, vonlant montrer sa grandeur et sa puissance, les princes avec les grands et aussi les plus braves parmi ses oficiés auquels il dona un galas manifique lequel dura pendant cents quatrevint jours. Les invittés était coucher dans des lits en, or et argent; dans des vastes galeries meublé de lin, briantes en écarlattes et dont leur pavé était en pórfirc et márbre : on distribuaient des vases et plats en or au convives. En des autres apartemans la raine Vasthi traitait avecque ni plus ni moins de manificence les femmes les plus distingué dans lampire. Le roi dans les chaleurs du vin quil avait but avecque exsès en sécartant de lusage qui defandait que les femmes se montre en publique ; ordona que des eunuques fassent venir par devant lui la reine Vasthi parée avec son diadaime pour faire tous ces convives admirer son extraime beautée. La raine refusat à ce randre là, de laquelle résistance le roi sétant irité la repudia conseillé par ses ministres; et il anvoïa par tout dans les provinses ordre quon fasse venir a Suze ce quil y avait de plus belles filles en tout lampire, pour y choisire une femme.

 En ce tems là les Juifs vivaient parsemés sur tous le téritoire d'Assyrie. Une jenne fille native de cette nacion nomée du nom d'Esther, la nièce a Mardochée, fut parmi le nombre des persones dont la beautée devait les faire présanté a Assuérus, en suivant les ordres de celuici. Sa grasse modeste et léclat de ces charme la fit préférer sur ces rivalles. Assuérus lépouzant léleva avec lui sur le trone en place de Vasthi. Obeiçant aux conceil de son oncle Esther navait pas encore apris au roi sa naissance ni son origine. Un heureux hazard augmanta bientot lestime et la tandresse de son mari. Mardochée découvrit un conplot fait par deux eunuques dassasiner le roi ; ce quil dit à Esther laquelle informa de ça Assuérus. Celuici fit écrire ce fait dans ses anales, joint au nom de l'home qui venait lui procurer uu tellement grand servisse.

CXLVII. *Suite.*

Après quelques tems Assuérus elleva dessus tous ces ministres un de ces favorits du nom d'Aman, lequel était Amalécite de la race d'Agag. Le superbe Aman jouiçant dun crédit et dun pouvoir non borné, son orgueil égalisait sa puiçance et voulait que tout le monde

lui fléchisse les genoux devant lui ; ce que le
roi eut assez de faiblèce pour ordoner. Mardochée tout seul ayant refusé de randre un
omage (quil ne devait seulemant quà Dieu) à
un mortèle, voilà Aman enporté de fureurs,
qui se résolut non pas seulemant de se venger
sur Mardochée, mais encor sur toute la nacion
juifresse. Cest pourquoi il dit a Assuérus, « Un
peuple dispersé et têtu existe dans vos provinses, lequel méprise nos loix et religion ainsi
que vos ordres, lequel example pouvant, peut-
être, être contagieux, ordonez-moi donc à ce
peuple quil périsse. » Le roi ayant consantit
de doner cette cruelle ordonance, lon anvoïa
des couriés en tout lampire ordoner que les
gouverneurs des provinces fasse massacré le
treisième jour du mois Adair, tous les Juifs de
tous ages et tous sexes sans distinguer. Mardochée, cète fatale nouvèle étant aprise, sé dé-
chira ses vètemans ; couvrit sa tète avec de la
sandre ; jettait des grans cris au beau milieu de la
plasse public, dont il faisait éclatter la vio-
lansc de son aflixion. La consternacion fut re-
pandue sur toutes les tributs. Les Juifs étant
prosternés adrèçaient vers le ciel leurs prierres, leurs larmes et leurs axans de désespoirs.
Esther informé sur ce maleur se fit venir Mardochée, lequel lui aprit la ruine de ces fraires
et qui la suplia pour qu'elle en parle avec le
roi et quelle sauve les Juifs. Celleci lui ayant

repondue come ça que personc sans se risquer
la vie ne pouvait parler avec le roi a moins
que d'en ètre apelé ; « Vous devez, à ce que lui
dit Mardochée, bravé ce péril là. Pouvez vous
croire, pouvez vous desirer de voir votre vie
a vous seule épargner quant votre nacion périt. Si vous restez silancieuse, le bon Dieu
trouvera quelques autres moyens pour libérer
son peuple. Songé que le Ségneur ne vous a
élevé dessus le trone que pour que vous fussiez
linstrumant de notre salut. »

CXLVIII. *Suite.*

Esther se randit de son avi et elle lui demenda seulemant quil ordone que tous les Juifs
jeunent et qu'ils l'asistent dans leurs prierres.

La raine vètu avec ces ornemans roïaux sa-
rèta a la porte interrieur dans lapartemant du
roi vis a vis le trone où il était assit. Assuérus touché par sa beauté plus que surpris par
son audasse lui ettendit vers elle son ceptre
en or ; ce qui était signe de sa clémanse. Il lui
dit, « Qu'esce que vous voulez, me demande-
riez vous moitié de mon roïaume, que je vous
la donerais. » Esther lui repondit en le su-
pliant quil viène a un festin quelle lui avait
préparée, quil invite Aman et qu'elle lui y
déclarrait ce quelle en souhétait. La fièretée
d'Aman se redoubla sachant quil devait ètre
admit a table avec ses maitres, et plus encor

irité de Mardochée refusant toujour de lui faire homage ; il comanda que lon dresse une potance pour pandre au haut ce Juif tandique lui serait en festin avec le roi.

Come par un fait esprès cette nuit la, ne pouvant taper de lœil Assuérus se fit porter les anales de son règne, il tomba par le hazart sur landroit dans lequèle la conspiracion découverte par Mardoché était racconté. Le roi demanda à la galerie la recompanse quavait ressu cet home dun si gran servisse et fut instruit avec etonemant que lon ne lui avait acordé aucune recompance. Il fit apeler Aman atendant avec inpacience le momant favorable a faire signer larèt mortel à Mardochée. Lorsquil fut paru ; Assuérus lui demanda comant devait se traiter l'home quil voudrait conbler d'honeur. Aman qui croïait quil était question de lui repondit, « Il faut quil soit vétu avec l'habit roial ; quil soit monté a cheval sur celui du monarque ; quil porte le diadaime sur sa tète et que le premié des princes à la coûr marche a piés devant lui ; criant : *C'est come ça que lon fait homage a celui quil plait au roi d'honorer*. Depéchez vous donc vîte ; lui replica Assuérus : tout ce dont vous mavez conseillé, faite le pour Mardochée le Juif ; et noubliez pas rien dans tout ce que vous mavez dit. »

CXLIX. *Suite.*

L'orguellieux Aman, rageant dans son cœur et honteux sur son front, obeit. Ses amis lui anonsant quil ne pourait s'échaper de la venjance des Juifs, lui aigrirent sa douleure.

Le roi avec Aman se rendirent au festin de la raine. Le roi apres le repas la pria quelle lui dise quoi elle desirait. Esther lui repondit prosternée vers la terre, «Si jai trouvée de la grace devant vos yeux je vous demande la vie et celle a tout mon peuple. Lesclavage le plus afreux serait plus préférable que notre sort. Nous devons être égorgé; esterminé. Cependant je suporterais cette horeur de destinée dans la résignacion, si je savais que nous ne somes pas victimés par un énemi duquel sa cruauté retonbe sur le roi même par la raison que cète cruauté lui fait atirer l'haine de ces peuples. » Assuérus lui demanda, « Qui est l'home assez puiçant de faire tant de mal. » Esther replica, « C'est Aman tel que vous le voyez, lui qui est notre inplacable énemi. » Assuérus irité sétant levé entra dans un jardain. Aman se jetta au pié d'Esther, pendant son abcence afin de suplier quelle lui sauve la vie. Mais le roi rentré dans le même quart d'heure, ayant cru que cète indigne favorit voulait outragé la raine, et ayant ordoné quil meure; Aman se vit pandu au haut de la même potance préparée à Mardochée. Non seulemant Esther obtint de son épous la revocacion de lordre devant détruir les Juifs ; mais encor la permicion de ce vanger sur ceux qui les avaient percécuté et de s'amparé de leur dépouille. On leurs dèsigna deux jours pour cète vangeance ; lesquels furent chez les Juifs sélébré depuis avec des fêtes solanèles. Mardochée devint le segond individu dans lampire. Esther vecut heüreuse ; et suivant leurs conseils Assuérus parvint a un comble de puissanse et de gloire.

Ladite istoire d'Esther ayant été traduite par St Jerome sur l'ébreu, elle vous prouve que tel que soit la puiçance des méchant, tel solidemant établie quelle parait ètre ; leur orgueil finit par les faire resevoir ou tot ou tard les chatimants quils ont mériter.

CL. *Phrases détachées*.

Jai dans mon jardin un grand nombre de plantes médicales. — Qui de vous a jetté des écosses de pois dans le colidor du rédechaussé ? — Ni lui ni moi ne l'avons fait. — Je prends la confiance de madresser vers vous, persuadé que vous vouderez bien conseiller à mon inexpériance. — Le soc de ma pandule est de bois d'arcajou. — J'ai fort bien entendu vos ordres que vous mavez doné avant que de partiré. —J'ai l'honeur detre très lié à M. le duc de....

— Crainderiez vous que je ne vous dérange
en venant ici demain au matin. — De laquelle
de nous deux êtes vous la plus aimée, ou par elle
ou par moi, laquelle des deux trouvez vous
le plus aimable. — Ce maitre d'armes est fort
réputé, on dit qu'il n'y a point à Paris de meilleure lame que la sienne. — Cette femme n'est
pas aussi instruite que l'on la croit. — Puis-
qu'avant trois jours ce travail doit être terminé, peut être il vaudrait mieux que vous le
comenciez davance. — Ces dames sont autant
complaisantes que possibles. — Mon fils a dé-
cedé la nuit passée à trois heures du matin. —
Quant on veut ajeter des chevaux de labou-
rage, on doit moins s'en tenir à la beauté
qua la force. — Ses enfans qui étaient autrefois toute sa parure, ne la sont plus aujourdui. — Cette demoiselle pince de la harpe et
joue du fortépiano. — Ne dégrainez donc pas
ainsi cette grape de raisins. — Les ruines du
Parthénon semblent insulter la profonde ignoranse des Turcs. — J'ai un cabriollet et un
cheval plus beau que vous, mais en revange
vous avez une maison plus comode que moi. —
On ne doit pas satisfaire aux moindres capris-
ses dun enfant. — Cet horloge sonne pour les
heures, les demis et les quart. — La bassesse
que vous avez comis vous rend tout à fait inestimable aux yeux des gens de biens. — Les
honneurs ne servent à rien pour être heureux.

— Il ni a que moi qui soit le maitre ici. —
J'ignorais que vous avez sorti à ce matin, mais
je n'ignore pas que vous ayez passé votre temps
à rien faire. — Le participe passé joint avec
le verbe *avoir*, sacorde avec son régime direct
quant ce régime est devant le participe. —
Aussitot le combat terminé, les troupes en-
tonèrent une hymne à la Victoire. — Vous
n'étiez plus en 1815 ce Bonaparte qui vaincàtes
à Jena et Marengo. .

CLI. *Méditation sur la frivolité.*

Les gens frivole fuyent l'annui, mais celui
ci attaché sur leurs pas les poursuit toutes
leurs vies. Regardez voir ses éléguans; ces
sybarittes éféminés, ètre délicas et charmans
pour la vue, étant toujours parez avec des
fleurs, toujours revétus avec les couleurs le
plus riantes. Le moindrement de fatigue les
acableraient, leur mains scraient blessé par le
pois d'un fusau, leurs existances mème leurs
sont à charges. Faute des amusemans variés
qui soutièuent et qui renouvèlent leurs vies,
ceux ci y succomberaient. Tandisque le jour
dure on les voit qui folatrent et qui s'ébatent
aux rayons du soleil, ni plus ni moins que ces
insaictes légés et brillians. Cest pour eux que
celuici, aux jours de printant, déploye son flam-
bàu et que l'hiver est forsé à produir des roses.
Si le Zéfir ne veut pas quon le gronde, quil

aie soin dentretenire toujours une alaine douce
et caraissante dans les airs? Les deux mondes
doivent leur donner de quoi se parfumer, ainsi
que des sucs esquis et des habis tissés par la
main des étrangés. Ils leurs faut des follies chan-
jantes ; des idés toute neuves ; des plésires tous
frais pour les aider a ce quils trainent sans
murmurer leurs existances penibles pandant
que dure la longueure inépuizable dune journée. Homes toujours en anfances et bersés par
les erreurs qui rient; est ce que vous songez
que vous abuzez une ame qui est imortelle et
que vous prenez des joujons quand cest jour
de combat ; pour vous, samuser est vivre. Dite
moi , cest il aussi samuser que mourire. Com-
mant est ce que vous passerez votre tems dedans votre lit où vous mourerez. Quant la
maladie sera décláré ètre incurable, que vos
esprits glassés suspanderont leurs cours, que
vous sortirez de lanchantemant de la vie, tous
ces objets s'enfuyant aussi vitemant pour vos
yeux que les rivages devant le vesseau qu'arra-
che hors du port et antreine la tempette aux
milieux des flots qui le vont angloutir, ... où
est ce que vos jeux frivolles et vos vaines gran-
deures seront! Où vous mème screz vous! Vous
serez aux millieux dun convois ponpeux ; cou-
verts avec un drap funèbre élégant et riche ,
ranfermé dessous un tombeau en marbre dont
des superbes colonnes seront les soutiens. Ha?

si les mortelles étalent ancor leurs vanités dedans le sercueil, faut-il que lon sétone a cause
des vanitées et des prestiges qui sont dans
la vie.

CLII. *Phrases détachées*.

Vous rappelez-vous de ce Monsieur qui avait
les cheveux chatains clairs et une redingotte
bleue fonsé. — Un bon roi come un bon père
de famille semblent nés pour le bonheur du
genre humin ; amis, parans, sujets, courti-
sans, tout le monde anfin, les adorent lun
lautre. — Vous avez quatre-z-yeux et pourtant
vous n'y voyez goutte. — Avons nous des tendons de veaux pour diné. — Allez au pressoire
me quérir du nouveau vin, je desire y goutter.
— Mes souliés se sont acculé la premiere fois
que je les ai porté. — Il faut que vous vouliez
écouter et avoir égard a mes avis ; si vous desirez que nous cordions bien ensanble. — Vous
avez toujours des cravates bien amidonés, je
serais charmé que vous me fassiez conaitre
qui est ce qui vous les repasse. — Assurez à
vos parens mon estime et mon amitié. —
Quant le diable vint vieux il ce fit hermite.
— Dans nos païs la couleuvre n'est pas véné-
neuse. — Donnez vous donc de garde ; vous
avez failli tomber sur moi. — Ce matin ma
sœur tomba sur le paver, et il fallut que je

l'aide a se relever, tant qu'elle s'était faite du mal. — On n'y voit goute dedans cet alcove, il est aussi noir come la cheminer. — Lequel des deux est plus adroit, d'Aristide ou de vous. — Cette lecture n'aura de l'utilitée pour vous qu'autant que vous chercherez de la métre à proffit. — Nous sommes allé hier au spectacle et nous avons aplaudi de bon cœur a la pièce qui a été joué. — Les arméés Autrichiennes avaient entrée en Piémont dont elles avaient intention de s'enparer. — Pour que nous soyions dacórd moi et mon frère, il faudrait que je passe par tout ce qui lui plait. — Craignez-vous qu'il ne pleuve, prenez un pare-à-pluie. — Aucuns sacrifices ne me couteront pourvu que mon fils reçût une bone éducacion. — Auparavant que de ployer votre lètre, aviez vous bien pésé son contenu. — J'ai acheté ce mobilié bien bon marché. — Les architectures grecque et gotique n'ont aucun raport entr'elles. — La Scythie, un des pays le moins conus des ansiens, fait aujourdui partie du vaste ampire de la Russie. — J'ai déjà traité pour ma charge avec mon suxesseur. — J'ai passé la nuit toute entière à refléchire de ma nouvelle posicion; et lorsque le lendemin matin mes anfans ont entré dans ma chambre, ils ont été tous étonés de me trouver toute habillée. — Le cómte et la comtesse sont passés hier deux fois chez vous.

— Cet anfant est tombé en voulant courire à croche-pied. — On ne blame souvent que de peur de l'être.

CLIII. *Fouquet fait accroire au procureur son maître qu'un de ses cliens est sourd, et au client, que le procureur l'est. (Vieux style.)*

Un procureur au Chastelet tenoit deux ou trois clercs sous lui entre lesquels y avoit un apprenti fils d'un homme assez riche de la ville même de Paris, lequel l'avoit baillé à ce procureur pour apprendre le stile. Le jeune fils s'appeloit Fouquet de l'age de 16 à 17 ans, qui estoit bien affetté et faisoit tousjours quelque singerie. Or selon la coustume des maisons de procureurs, Fouquet faisoit toutes les corvées. Entre lesquelles l'une estoit qu'il ouvroit quasi toûjours la porte quand on heurtoit, pour connoistre les parties que servoit son maistre, et pour savoir qu'elles demandoient pour le lui raporter. Il y avoit un homme de Bagneux, qui plaidoit en Chastelet, et avoit pris le maistre de Fouquet pour son procureur, lequel le venoit souvent voir : et pour mieux estre servi lui apportoit chappons, beccasses, levraux : et venoit volontiers, un peu après midi, sus l'heure que les clercs achevoient de disner. Fouquet alloit souvent ouvrir : mais il n'y prenoit point de plaisir à

une telle heure : car il y alloit du temps pou
lui, parce que le bon homme se mettoit en
raison avec lui, tellemènt qu'il falloit bien
souvent que Fouquet allast parler à son maistre, et puis en rendre réponse, qui faisoit
qu'il disnoit quelquefois bien légèrement. Et
son maistre d'une autre part n'avait pas grand
respect à lui, car il l'envoyoit à la ville à
toutes heures du jour vingt fois, et cent fois,
ne sai combien, dont il estoit fort fasché. A
l'une des fois, voici ce bon homme de Bagneux, qui frappe à la porte, et à heure accous-
tumée, lequel Fouquet entendoit assez au frapper. Quand il eut heurté deux ou trois coups,
Fouquet lui alla ouvrir, et en allant s'avisa de
jouër un tour de charité à son homme, qui
vient, disoit-il, toûjours quand on disne, et
se pensa comment son maistre en auroit sa
part. Ayant ouvert l'huis : Et puis, bon homme,
que dites vous ? Je voulois parler à Monsieur,
dit-il pour mon procès. Et bien, dit Fouquet :
dites moi ce que c'est, et je lui irai dire. Ho,
dit le bon homme, il faut que je parle à lui :
vous n'y ferez rien sans moi. Bien donc, dit
Fouquet, je m'en vais lui dire que vous estes ici.

CLIV. *Suite.*

Fouquet s'en va à son maistre et lui dit :
C'est cet homme de Bagneux qui veut parler à

vous. Fai le venir, dit le procureur. Monsieur,
dit Fouquet, il est devenu tout sourd : au
moins il oyt bien dur : Il faudrait parler haut,
si vous vouliez qu'il vous entendit. Et bien, dit
le procureur ; je parlerai assez haut. Fouquet
retourne au bon homme, et lui dit ; Mon
ami, allez parler à Monsieur : mais savez vous
ce que c'est ? Il a un catharre qui lui est tombé
sus l'oreille et est quasi devenu sourd : Quand
vous parlerez à lui criez bien haut : autrement,
il ne vous entendroit pas. Cela fait ; Fouquet
s'en va voir s'il acheveroit de disner : et allant il dit en soi-même : Nos gens ne parle-
ront pas tantôt en conseil. Ce bon homme
entre en la chambre ou estoit le procureur, le
saluë en lui disant : Bon jour Monsieur, si
haut qu'on l'oyoit de toute la maison. Le procureur lui dit encore plus haut: Dieu vous gard,
mon ami, que dites vous ? Lors ils entrèrent en
propos de .procès : et se mirent à crier tous
deux, comme s'ils eussent esté en un bois.
Quand ils eurent bien crié, le bon homme
prend congé de son procureur, et s'en va.
Delà à quelques jours, voici retourner ce bon
homme : mais ce fut à un heure que par fortune Fouquet estoit allé par la ville, là où son
maistre l'avoit envoyé. Ce bon homme entre,
et après avoir salué son procureur, lui demande comment il se portait. Il respond
qu'il se portoit bien. Hé Monsieur, dit le bon

homme, Dieu soit loüé ; vous n'estes plus sourd au moins ? Dernièrement que vins ici, il falloit parler bien haut : mais maintenant, vous entendez bien (Dieu merci) ? Le procureur fust tout esbahy. Mais vous, dit-il, mon ami, estes vous bien guari de vos oreilles ? C'estoit vous qui estiez sourd. Le bon homme lui respond qu'il n'en avoit point été malade : et qu'il avoit toûjours bien oui, grace à Dieu. Le procureur se souvint bien incontinent que c'estoit des fredaines de Fouquet : mais il trouva bien de quoi le lui rendre, car un jour qu'il l'avoit envoyé à la ville, Fouquet ne faillit pas à se jetter dedans un jeu de paume, qui n'estoit pas guères loin de la maison : ainsi qu'il faisoit le plus souvent quand on l'envoyoit quelque part. De quoi son maistre étant adverti s'y rendit et le foüetta de la bonne façon en présence a tous les joüeurs. Ainsi le gentil Fouquet eut le loisir de retenir qu'il ne fait pas bon se joüer à son maistre.

CLV. *Phrases détachées.*

Ètes vous encore ce franc et studieux écolier qui ne songiez que de satisfaire à vos maitres. — Vous ne sauriez disconvenir que j'ai fait tout mon possible pour m'aquiter de la tache que vous mavez imposé. — Vous me paraissez aujourd'hui d'humeur à rire et plaisanter. — Je vois que vous aimez passablement faire des

quiproquos. — Si vous pouvez, ne hésitez pas
de lui randre ce bon ofice. — La famille doù
je sors est l'une des plus anciennes de Bourgogne. — Voilà un contretems bien guigno-
nant. — Je me garderez bien de faire ce dont
vous me conseillez, je crains trop que se méchant home me cherche des raisons. — Re-
vétissons nous avec nos uniformes. — Ma fille,
si vous ne marchez droite devant vous, vous
vous irez jetter dans un des deux ravains qui
bordent létroit sentier sur lequel nous marchons. — Vous gravissez les plus hautes montagnes avec de la légeretée come l'oiseau. —
Quant ils résolveraient un problème de géométrie, ils n'auraient pas l'air plus penseurs, et
pourtant autrefois ils ne décessaient pas de
parler. — Les chous que jai mangé me pesent
sur mon estomac et me donnent des renvois.
— On appelle bonnes gens celles qui agissent
de manière a ètre aimées et estimées par toutes
les gens de bien. — Toutes les habiles gens
ne sont pas des gens savantes. — Je regrète de
ce que vous ne vous ètes pas trouvé à cette soirée. — Ce chien est noir comme un geai. — Le
vent a fait écrouler la nuit passée une partie
des terres de ce fossé. — Vous avez, dites vous,
la fringale ; et cependant vous laissez froidir
votre diner. — Ne vous informez vous pas ce
que je conte faire pour vous. — Vous, n'aimez
pas ni travailler ni les reprimandes de vos

maitres. — Annette, éclairez Monsieur, qu'il n'aille pas tomber dans les escalliers. — Il y a un grand nombre des animaux à avoir les pieds fourchus. — Il semble que vous prenez attache de faire tout à la rebours de ce que l'on vous dit. — Les arts et sciences fleurissaient en France dans le règne de Louis XIV. — Quant une dificulté se présante; il faut se forcer de la vaincre. — Feue ma grand-mère disait souvent, que lon devait toujours être fidèle à sa parole.

CLVI. *Le Singe sorcier.*

. . Thomas Rhoé ambassadeur Anglais proche le Grand Mogol devers les comansemans du disseptième siècle conte le trait que voilà, sur un grand singe qu'un charlatan du Bengale presanta au dit Mogol comme un animal divin. Étant question de vérifier la susdite qualité avec des preuves, lempreur se retirant d'un des doigts un aneau, le fit cacher dedans les vètemans à un de ses pages. Le singe ne layant pas vu cacher le fut prandre là où ce quil était. Le prinse en ne se rapportant pas à cet expérianse fit écrire les noms de douze legislateurs dessus douze differans billets; tels que celui de Moïse, de Jésus-Christ; de Mahomet, d'Ali; etc.; lesquels ayant mêlé dedans un vase, il demanda que le singe lui dise celui ayant publié la véritable loi. A quoi l'animal

mit sa main dedans le vase dont il retira celui
du legislateur des Crétiens. Lempreur très fort
étoné suspecta le maitre au singe de ce quil
savait lire dedans les caractaires Perses et avait
dressé celuici pour quil fasse cette distinction
là. Il prit la paine dècrire les mèmes noms
avec sa propre main, en chifres quil se servait
à doner des ordres segrets a ses ministres. Le
singe de ne point s'y tromper, car il reprit
une seconde fois le nom de Jésus Christ qu'il
baisa. L'un des prinsipaux oficiés dans la Cour
dit comme çà a lempreur quil y avait nésessai-
remant quelques superchries la dessous, et il
lui demanda permission pour enmêler les billets, s'offrant pour ètre livré a des suplices de
toutes les sortes si le singe ne manquait pas
dans son role. Il récrivit encor une foi les
douzes noms, dont ne mettant qu'onze dedans
le vase, il retint l'autre dedans sa main. Mon
singe vous les toucha toûts un après l'autre,
dont il ne voulut pas en prendre aucun. Lempreur surpris (plus il allait plus il l'était),
voulut absolumant l'en faire prendre un, mais
lanimal entré dans la fureur fit entendre
moyennant divers signes que le nom au vrai
législateur nétait pas dedans le vaze. Lempreur
lui demandant où donc qu'il était, celuici
courut vers loficié auquel il prit la main, où
ce quétait le nom que lon lui demandait.
Rhoé ajoute ainsi, « Telle interprétacion que

lon voudra doner de cète singerie le fait est
quelle est certainement arivée. »

CLVII. *Phrases détachées.*

Il y avaient à cette réunion beaucoup de jeunesse des deux sexes. — Prenez cette chaise
et seyez vous dessus. — Nous soupons dordinaire avec une tasse de thé. — Les délices que
procurent la fortune sont faux et mensongés.
— Il nous a tous invectivé de la manierre le
plus indigne. — Ce n'est point là les faveurs
que vous m'aviez promit que vous me feriez
obtenire. — Les femmes, quelles que vertueu-
ses quelles soient, telle confianse quelles aient
à leur forces, quelque soit leurs piétés, leurs
fortunes et leurs rangs, doivent craindre les
artifisses des séductions et se doner constament de garde de ne se point laisser aller à
eux. — En géométrie il y a des scolies qui sont
plus longues que de certaines propositions. —
Je vous demande excuse pour tout lembarras
que je vous donne. — Nous étions à cette soirée vingt et deux femmes, y comprises votre
mère et votre sœur. — Ce papier qui ne me
sert de rien maintenant, me servira plutard.
— Quelle que chose que vous mayez dit, je ne
lai point entendu. — Je vous aie pourtant dit
quelque chose fort amusante. — C'étaient vous
et lui qui devaient s'ocuper de mes interrets.—
Sauvons nous à toute hàte, car le pérille est do-

minant.—Je suis persuadé de ce que votre robe déteignera bien vite. — Vous êtes le seul home qui avez osé me parler avec tant d'hardiesse. — Je suis celui qui vous aie apelé. — Nous ne nous sommes trouvé que deux qui ont été du même avis dans cette affaire. En ce cas vous êtes les deux personnes qui m'aviez donné le meilleur conceil. — Nous sommes trois seulement qui ont résolu de faire ce voyage. — Cet ouvrage que vous paraissez si dédaigner n'est pourtant rien moins qu'un chef dœuvres. — Je vous ai promis que nous irions ce soir au spectacle, dont je vous tiendrai parole.—Dites moi je vous prie quelle heure qu'il est. — Quiconque d'entre ces dames seront pris en faute, paieront l'amande. — Ce tableau présente un hermite dans son hermitage. — Ce que je vous prie, est que vous restassiez chez vous. — Je m'hazardrai de vous faire cette question. —Je crois que je me suis rajeuni dans la dernière maladie que jai fait. — Le ministre a eu beaucoup de paine pour ce décider a me laisser partire, et il ne s'en faut de guères quil meût ranvoyé sans me doner mes passepors.

CLVIII. *Bataille de Vaïla, gagnée par Louis XII contre les Vénitiens, en* 1509.

Les deux armés énemis étant en présance sur les rivages de l'Adda, lintencion aux Français était pour quon attaque et quon marche

de l'avant, le sénat Vénitien voulait quon tamporise atendant seulemant les ocasions comodes pour combattre avec de lavantage. L'audasse et limpacience d'Alviano démontant ces calcules donna un épouventable desastre. Car se trouvant très proche l'énemi, Alviano comandant lavant garde et ne pouvant résisté a l'ardeur belliqueuse quil avait, il ataqua brutalemant lavant garde Française, envoyant en mème tems lavis de lattaque au conte de Pitigliano et le priant pour quil vole a son secours. Le choque de ce térible home fut si tellement violant que les Français comansaient de plier, lorsque le roi avec le corps de bataille arrivèrent au secours de ceux-ci et quils rétablirent de nouveau le combat. Le Roi dont je viens de parler faisait soi mème prodige par sa valeur combatant ni plus ni moins quun simple troupier. Alviano ne perdit pas la carte, et il était qui animait sans décesser ses sol-
-dats par geste, voix et example. La bataille dura durant trois heures d'un acharnemant inimaginable. Enfin les Français en recevant sans décesser des nouvaux ranfors par les arivées suxessives des troupes restés en errière, tandisque le conte de Pitigliano lambin come a son ordinaire ne ce pressait pas pour marcher secourire son confrère; la fortune ce prononsa totalement envers larmée royale. Donc l'avant garde Vénitienne eut une déroute soignée, ayant

perdu huit milles homes occis sur le chant de bataille, avec une grande quantitée de prisoniés , parmi lesquels se conpta Alviano lui mème, lequel étant tout meurtri sur son visage, et blessé à un de ses yeux fut conduit par devant le roi. Le conte de Pitigliano eut le tems pour filer, avec le reste de larmée , dans un bon ordre. Cette bataille fut faite le dix sept de mai mille cinq cents neuf : on la noma du nom de *Vaila* ou de *Ghiara d'Adda*. Louis XII pour rémémorer une si heureuse journée, batit sur le chant de bataille une chapelle à qui on dona pour nom Sainte Marie de la Victoire ; lequel endroit se nome ancore aujourdui *Victoire*.

CLIX. *Phrases détachées.*

Si, dans cette ouvrage, nous nous somes servit de quelques mots trivials , nous somes le premier a les condaner ; et nous somes persuadés que les jeunes gens compraudront aisémant pour quel but nous en avons fait lusage, ils vèront que ce sont pour leur faire les éviter. — Votre mère est essenciellemant une bone fame, c'est domage quelle a lair si froide et si reservée, l'on croirait quand on la va voir que lon ne lui fasse pas de plaisir. — Ces poires ont lair fort mauvais , je ne vous conseille pas de les toucher. — La tragedie, que nous avons vue représanter la semaine passée a été à ce que je crois plutot faite pour rira que pour pleurer. — Ou est ce quest votre sœur. Elle est aux vêpres de St Eustache. — Je désirerais que vous contractiez la bonne abitude d'ètre matinal. — Si peu que vous me tourmantiez ancor, vous n'aurez rien. — Depuis que j'ai fait effiler la lame à mon canif, il coupe come un ange. — On ne dirait pas que votre sœur fût étrangere, elle n'a pas le moindremant d'axent. — Je m'en vas de Paris a Bordeaux par la malposte. — Nous sommes plus avancés dans la sivilization, qu'étaient nos ansètres. — Je vous aime d'avantage que vous m'aimez. — Je suis prêt à expedier un anvoi en province, si vous avez quelque comission a y faire, donez moi les, je men chargerai bien volontairement. — Le grand Catinat est mon ancètre. — Dans quel angoize vous avez mis Théodore et moi ! — La semaine qui vient, je me propose daller passer tous les après-diners avec vous, si toutefois vous permettez. — C'est bien l'home le plus spirituel et en mème tems plus original que je connais sur terre. — La faute qu'a comis cet écollier, n'était pas digne de la punicion dont on l'a infligé tellement brutallement. — Plus je vous fixe, et plus je crois de vous avoir vu quelques parts. — Vous paraissez plongé dans un atmosfère de délice. — La belzamine est l'une des plus jolis fleurs qu'on peut voir. — Vous berdouillez

tellement qu'on n'entend pas un mot dans ce
que vous disez. — Grâces au ciel, je n'ai pas
manqué douvrage de cette anée. — J'ai été
réveillé au tumulte que vous avez fait cette
nuit en tombant du lit. — Ayez soin de treil-
ler dans ce vieux linge tout celui ne pouvant servir qu'a en faire de la cherpie. — Tous
faits qui portent préjudisse a autrui sont reprimandable. — Je ne sais ce que je dois
panser sur sa fidellité, veuilliez éclairer mes
douttes.

CLX. *Le Précepteur et le Cuisinier.*

En une riche habitation en Podolie ; le cuisinier ayant tombé malade la veille d'un grand
galas où toutes les puiçances du voysinage devaient y prendre leur part ; voïlà que l'anfitrion est dans le désespoire, n'étant pas comode de décomander cinquante persones par-
semées en un rayon d'environ vingt à trentes
werstes. Les russes sont sensibles au possible
a ces genres de contrariétées, leurs hospitali-
tées sen désolant. Donc le gouverneure aux
enfans, très devoué envers le patron, lui dit en
le rassurant par ses paroles, « Quant jai été
dans la France où jétais à la tète dune fortune
bien jolie, jaimais suivre les travaux de mon
cuisinier dans tous les détailles quil aprètait.
Souvent moi même il arriva que j'opérais par
un amour pur de l'art : n'ayant pas peut etre

perdu ma main, je Ferai à diner à votre excellence laquelle peut croire quil sera bon. » A ces paroles le seigneur, transporté par son contantemant, embrassa son chère gouverneure, lequel improvisé *chef* s'endosse la veste blanche sans oublier aussi le bonet en cotton. La bonne chair fut esquise ; les convives portant dans les nues le talent de l'amateur, on obtint fasilemant que celuici ne quitera des fournaux qu'après le cuisinier entièrement rétabli. Un mois passe ; et les parans apperçoivent les enfans faisants des prograis rapides ; l'on les questione ; à quoi ceux ci répondent qu'en place de travailler dans leur chambre ils vont chaque jours dedans celle au cuisinier convalessant ; lequel leurs dirige les études. D'où grande surprise. Le papa visitant le malade, lui encourage sa confianse, à quoi celuici repond. « Je vous demande excuse ; lorsque j'ai sçu que vous cherchiez après un gouverneur je m'en vins me présenter ; mais trop tard : vos gens m'anoncèrent la place come étant prise, et que l'on cherchait après un cuisinier Français. Pressé du besoin je ne hésitai pas de mofrir ; sachant un peu cuisiner et maidant avec un livre je ne vous fis pas diner par trop mal ; nétant point né pour cet état auquel ma santé se refuse a cause du charbon qui me tue je serai forcé à mon grand regret à quitter malgré moi de chez vous. — Pourquoi est-ce quiteriez

vous, mon cher; dit le maitre de maison; à
votre franchise, lidée me prend déclairer un
doute. Espérez moi : tout se peut aranger. » Disant ses mots il va droit dans les cuisines,
et voit le gouverneure sautant sa castrole d'une
dextérité admirable. Des nuages ambeaumés se
levaient a lentour de lui. Le Ségneur le flat-
tant, lui faisant des caresses, tout en riant fait
apelle à sa bonne foi. Le faux *Mentore* etant
ennivré déloges laisse son secret s'échaper ;
ayant loué sa sinsérité, et lui ayant conservé
les mèmes apointemans, il reste dans les cuisines, et le landemain on réinstale l'ancien chef,
très excellent et modeste jeune home, aux
fonctions de gouverneure. Toute la maison ga-
gna beaucoup par ce change, ayant diné mieux
et les enfans ayant apris quelques choses.

CLXI. *Phrases détachées.*

. Je promennerai ce soir dans le passage Vi-
vienne à huit heure et demis; rendez vous y
et attendez y moi. — Je partirai au spectacle
aussitot mon soupé; et nous deux mon frère
nous irons en voiture, afin que nous y ari-
vions plus de bonne heure. — Je conte de
mocuper de cète afaire; faite m'y panser et
surtout angagez y moi instament. — Faites attention sortant de ne pas laisser la clé après
la porte, peur des volleurs. — Regardez voir,
je crois que vous avez de la crote après votre

habit. — Je suis au jeu décarté dun bonheur que rien naproche, vu que quasiment a tout coup je fais la volte. — Il nous faudra tous voguer sur la barque de Caron. —Depuis l'hiver passé ma sœur est toujours mal portante, les bals ont abimés sa santé. — Ne touchez pas ce tablau, il est frais peint, vous l'abimeriez. — Une tourte en franchipane, avec des fruis et des confitures, sufisent pour conposé un décert. — Lorsque lon chasse au sanglier il faut lui viser dans la poitrine, car sinon on risque bien à le manquer. — Je ne conais point d'air, point de romanse italiens qui ne portent le cachais nacional. — Ce vieilliard par sa démarche noble et magestueuse en inpose à tous ceux qui le voyent. — Il est deux heure et demi; dans une demic heure je vais me rendre dans une assemblée dans laquel nous serons au nombre de cent quatrevingt. —Vous me donez tout plein de belles raisons, et pourtant je vous promet que vous n'avez pas le talant pour me convaincre.—Au fur et à mesure que nous avansons en age nous perdons cette guété, cet enjoumant qui sont le partage de la jeunaisse. — Aimez vous manger beaucoup de soupe? Celle ci a lair fort bon. — Il comance dètre tart, allez vous en coucher; mais auparavant que vous n'y alliez, ployez votre cerviète. — J'ai achevé la lecture de ce livre avec moins de plaisir que je lavais comansé.

— J'applaudis avec une joie sincère la résolu-
tion que vous avez pris de changer votre conduite. — Je lis en ce momant ici l'histoire du
brave et du maleureux Charles XII. — Si vous
croyez faire de moi ce qui vous plaira, vous
êtes dans lerreur, je puis vous en assurer. —
Il est à craindre que le coléras morbus parcoure
tout l'Europe. — Ce que vous me dites là n'est
rien auprès de ce que j'ai vu. — Cet enfant
passe sa journée à batre le tambour. — Venez
à bonne heure si vous ne voulez pas nous trouver partis. — Je suis le premier qui aye inventé
les caléioscopes. — Un chacun de vous est
libre de faire ici tout ce qui lui plait. — Combien d'homes trafiquent leur honeur et le ven-
dent au plus ofrant ! — Moi et ma sœur avons
promenés tous les deux aux Tuileries ; je lui
ai constament doné mon bras. — J'ai supléé au
professeur de rétorique durant les deux jours
quil a été absent.

CLXII. *Le Singe et le Savetier*. (Vieux style.)

A Paris sur Seine trois batteaux y a', mais
il y avoit aussi un savetier que l'on appeloit
Blondeau. Lequel avoit sa loge près la Croix
du Tiroir : là ou il refaisoit les souliers, gai-
gnant sa vie joyeusement, et aimant le bon
vin surtout. Tout le long du jour il chantoit
et réjouissoit tous les voisins : il ne fut onc
veu en sa vie marri qu'une fois, qu'il se trouva

fasché d'un Monsieur, qui demeuroit tout vis
a vis de sa logette ; lequel quidam Monsieur
avoit un singe qui faisoit mille maux au pauvre Blondeau : car il l'espioit d'une fenestre
haute, quand il tailloit son cuir, et regardoit
comme il faisoit. Et aussi tost que Blondeau
estoit allé disner, ou en quelque part en son
affaire, ce singe descendoit et venoit en la loge
de Blondeau, et prenoit son trenchet, et dé-
couppoit le cuir de Blondeau comme il l'avoit
veu faire. Et de cela faisoit coustume toutes les
fois que Blondeau s'escartoit. De sorte que le
pauvre homme fust tout un temps qu'il n'osoit
ne boire ne manger hors de sa boutique sans
enfermer son cuir. Et si quelquefois il oublioit
à le serrer, le singe n'oublioit pas à le lui tailler en lopins. Chose qui lui faschoit fort et si
n'osoit pas faire mal à ce singe, pour crainte
de son maistre. Quant il en fust bien ennuyé,
il délibéra de s'en venger : s'estant bien apperçu de la manière qu'avoit ce singe, qui estoit de faire en la propre sorte qu'il voyoit
faire. Car si Blondeau avait aguisé son trenchet, ce singe l'aguisoit après luy : et s'il avoit
cousu quelque carrelure, ce singe s'en venoit
jouër des coudes, comme il lui avoit veu faire.
A l'une des fois Blondeau aguisa un trenchet,
et le fit coupper comme un rasoir. Et puis à
l'heure qu'il vit ce singe en aguet, il commença
à se mettre ce tranchet contre la gorge et le

mener et ramener, comme s'il se fust voulu es-
gorger. Et quand il eut fait cela assez longuement pour le faire adviser à ce singe, il s'en
part de sa boutique, et s'en va disner. Ce singe
ne faillit pas incontinent à descendre. Car il
vouloit s'esbattre à ce nouveau passe-temps
qu'il n'avoit point encore veu faire. Il vint
prendre ce trenchet, et tout incontinent se le
met contre la gorge en le menant et ramenant
comme il avoit veu faire à Blondeau. Mais il
l'approcha trop près: et ne se print garde qu'en
le frayant contre sa gorge, il se couppe le go-
sier de ce trenchet, qui estoit bien affilé, dont
il mourut avant qu'il fust une heure de là.
Ainsi Blondeau fust vengé de son singe sans
danger, et se remist à sa coutume première de
chanter et faire bonne chère, laquelle lui dura
jusqu'à la mort.

FIN.